T0007017

EL MUNDO ES TUYO

RBA MOLINO

EL MUNDO ES TUYO

_ manual para chicas _

KATTY KAY & CLAIRE SHIPMAN

CON JILLELLYN RILEY
ILUSTRADO POR NAN LAWSON

Traducción de Ana Isabel Sánchez

RBA

A mi madre,

la increíblemente impresionante,

sorprendentemente inspiradora

y completamente formidable,

Shirley Kay.

K. K.

A mis gurús femeninas de la seguridad:

mi madre, Christie Shipman,

que rompía las reglas con

un desenfreno habitual y alegre;

mi suegra, Linda Dryden,

que siempre estaba dispuesta a dar

cualquier salto, y mi hija, Della Carney,

cuya valentía y claridad

me esfuerzo en imitar todos los días.

G. S.

ÍNDICE

ESTAS SON NUESTRAS GUÍAS DE SEGURIDAD

NOTA DE LAS AUTORAS

KATTY

CLAIRE

¿Recuerdas esa sensación que experimentas cuando actúas con valentía? ¿Esa energía increíble que te invade cuando reúnes el valor necesario e intentas hacer algo que no es fácil? Eso es...

SEGURIDAD.

La seguridad te da el poder, el impulso y la fuerza que necesitas para ser tú misma y hacer lo que quieres... Incluso cuando te da miedo.

¿Cómo es «tener» seguridad? Hemos hablado con decenas de chicas de todas las edades para escribir este libro, y he aquí cómo las hace sentir la seguridad:

Hace unos cuantos años escribimos un libro sobre las mujeres y la seguridad. Cuando se convirtió en superventas nos dimos cuenta de que muchísimas mujeres querían saber más sobre esta increíble fuente de energía para poder llevar una vida más osada, valiente y segura. Aprendimos bastantes cosas fascinantes durante aquella investigación; descubrimos, por ejemplo, que hasta las ratas tienen seguridad, ¡y que los científicos pueden medirla! Pero lo más importante fue que conseguimos descifrar la clave de la seguridad. En otras palabras: aprendimos a crearla.

Ahora queremos transmitirte a ti la **clave de la seguridad**. Los investigadores han averiguado que la preadolescencia y la adolescencia son las mejores épocas para la generación de seguridad. Hemos llenado este libro de historias, cuestionarios, ilustraciones y un montón de cosas divertidas. Y queremos que sepas que todo se basa en lo que los científicos y expertos más inteligentes del mundo saben acerca de la seguridad y su procedencia.

¿Recuerdas a Imani, Kayla y Alex? A ninguna le iría mal una buena dosis de seguridad. Tal vez te hayas fijado en que parecían preocupadas, les daba miedo probar cosas nuevas y no eran capaces del todo de ser ellas mismas. A lo largo del libro las verás a las tres en acción. Queremos que tanto ellas como tú digáis «¿Por qué no?» en lugar de «¡Ni hablar!» cada vez que os encontréis con un desafío.

Tenemos que advertirte una cosa: la seguridad es adictiva. Antes de que te des cuenta habrás aprendido a elaborar tu propia clave de la seguridad y harás cosas que ni siquiera se te habían pasado por la cabeza.

QUÉ TE VAS A ENCONTRAR POR EL CAMINO. . .

Chicas de acción:

Chicas reales que han dado rienda suelta a su seguridad y han hecho cosas alucinantes.

Primeros planos de la seguridad:

Historias verdaderas de chicas que se encuentran en medio del feo y aterrador proceso de la creación de seguridad. Hemos cambiado sus nombres.

Calentamiento para la seguridad:

Ejercicios para aumentar tu seguridad que queremos que practiques cuando dejes el libro un rato.

Cuestionarios sobre la seguridad:

Están basados en hechos reales que nos contaron las chicas y los expertos, y preparan el cerebro para que te conviertas en una persona más segura.

Enigmas sobre la seguridad:

Hacemos que te enfrentes a preguntas amplias y desconcertantes que no siempre tienen respuestas obvias.

Citas rápidas:

Citas reales de chicas reales pensadas para que reflexiones, alucines o sonrías.

Te toca:

Cosas en las que queremos que te fijes.

PRIMERA PARTE

LAS CLAVES DE LA SEGURIDAD

EL GRAN RIESGO DE KAYLA, 1.ª PARTE

CONTINUARÁ. . .

Pero ¿qué es la seguridad?
La definición científica básica es esta:

La seguridad es lo que convierte nuestras
ideas **en** *acción***.**

**También puedes representarla como una fórmula
matemática: ideas + seguridad = acción.**

**O imaginarte un experimento químico, con las ideas
en un matraz y la seguridad en otro. Las mezclas
y el resultado es una acción emocionante, explosiva.**

La seguridad es lo que te ayuda a conseguir hacer cualquier cosa que te parezca **difícil, aterradora o imposible**. No nos referimos necesariamente a acciones extremas, como saltar desde un acantilado (¡o a lo mejor sí, siempre y cuando dispongas de un ala delta o un paracaídas!). La seguridad es lo que te da un empujón para que lidies con los retos del día a día. Es a lo que Kayla recurrió para animarse a participar en las pruebas de baloncesto de la primera parte de «El gran riesgo de Kayla».

Imagina la seguridad como una entrenadora minúscula pero poderosa que vive dentro de tu mente y te ayuda a hacer todo lo que quieres. «Sé que piensas que hoy no puedes levantar la mano en clase, pero si te he visto hacerlo un millón de veces. No hagas caso de esos nervios y levanta la mano sin miedo. Puedes hacerlo».

 **CUESTIONARIO**

¿Cuál de estas acciones requiere seguridad?

1. La mejor amiga de Eve se llama Hannah, y las dos son casi como gemelas. Se entienden a la perfección. Pero un día, Hannah dice

algo cruel sobre el nuevo corte de pelo de Eve. Esta se siente traicionada, pero no quiere decirle a Hannah que está molesta porque tiene miedo de crear una situación incómoda. Aun así, habla con sinceridad de cómo la ha hecho sentir su comentario.

2. A Cate se le dan muy bien las matemáticas. Siempre le han encantado los números. Se esfuerza mucho en clase de matemáticas y hace los deberes en un periquete. Su profesora asegura que, si quisiera, entraría en el equipo de las Olimpiadas de Matemáticas. Cate se presenta a las pruebas y ve que aquello es un sueño hecho realidad...

3. Isabella se sabe de memoria todos los papeles de *La bella y la bestia*, el próximo musical del instituto. Adora cantar, pero nunca ha actuado en un espectáculo. Tampoco está muy convencida de su capacidad vocal. Además, las audiciones se hacen delante de todos los demás aspirantes a conseguir un papel. Aun así, se presenta, pero la prueba resulta tan bochornosa como se esperaba.

Respuestas: vayamos por partes

Si tus respuestas han sido la 1, la 3 o ambas, estás DEL TODO en lo cierto. La chica que habló con su amiga y la que se presentó a las audiciones del musical llevaron a cabo una acción que exigía seguridad.

La número 2 no ha necesitado tanta seguridad en sí misma.

1. Eve hizo algo difícil al hablar con Hannah, que estuvo disgustada una hora después de que su amiga le confesara cómo se sentía. Ambas aprendieron a ser más sinceras y más sensibles respecto a sus comentarios futuros.

2. Cate hizo las pruebas y entró en el equipo de las Olimpiadas de Matemáticas. Pero ella se limitó a seguir haciendo algo que «ya se le daba bien». Tendríamos que verla enfrentarse a una actividad que le supusiera un desafío mayor.

3. Isabella se esforzó mucho cuando se presentó a las pruebas. No las superó, pero después se dio cuenta de que seguía queriendo participar en un musical. Para la próxima audición, se preparará de otra forma. Por ejemplo, recibirá formación para que, cuando se ponga nerviosa, no le flaquee

ni le tiemble la voz. Hubo muchos alumnos que tampoco lo consiguieron y su vida no se ha acabado. ¿Qué es lo más importante? Que corrió un riesgo y se puso en acción.

Lo fundamental de todas estas historias es la ACCIÓN. Piensa en verbos y palabras relacionados con la acción:

Saltar desde un trampolín alto.

Hablar con un vecino sobre hacerle de canguro.

Probar un deporte nuevo, como hizo Kayla.

Probar, intentar, hacer, crear, sumarse, decir y ser algo. ¿Lo pillas?

La seguridad es _____. (Rellena este hueco con tu palabra relacionada con la acción, excepto si has sacado este libro de la biblioteca o es un e-book, en cuyo caso ¡haz una lista en un papel o en tu móvil!).

LAS CHICAS DE ACCIÓN tienen una vida muy emocionante. ¿Por qué? Piénsalo: puedes quedarte ahí sentada dándole vueltas a la cabeza y viendo las cosas pasar ahí fuera. O puedes levantarte de un salto y pasar a formar parte de la diversión, crear aventuras y cosechar éxitos mediante la exploración y la acción.

¿Quieres presentarte a las pruebas de acceso a un equipo a pesar de que no estás segura de que seas muy buena? La seguridad te dará un empujón. ¿Quieres escribir un blog y contarle al mundo entero lo que piensas pese a que te preocupa que tus ideas no sean interesantes? La seguridad es fundamental también en este caso. ¿Quieres ser tú misma, aunque tu personalidad sea distinta por completo de la de todas las demás personas de tu edad? La seguridad es lo que hace que eso sea posible. ¿Quieres teñirte el pelo o raparte la cabeza, pasar de los vestidos y ponerte lo que te dé la gana? La seguridad... Bueno, ya sabes el resto. Ava, en la historia que encontrarás a continuación, recurre a su seguridad para hacer algo que es muy importante para ella.

PRIMER PLANO DE LA SEGURIDAD

A Ava le encanta sacar fotos y utiliza todo tipo de aplicaciones y filtros en su móvil. Las publica en Pinterest y en Instagram. Por su cumpleaños le regalaron una preciosa cámara antigua. Ahora está totalmente obsesionada con ella. Practica sin cesar con todo lo que la rodea: grietas en la acera, el cielo, etc. Pero lo que de verdad le apetece es hacer fotos a la gente. La gente la fascina: desde los bebés hasta las ancianas. Es de mala educación sacarle una foto a alguien sin su consentimiento; Ava lo sabe, pero es demasiado tímida para acercarse a un extraño y pedirle permiso. Sin embargo, se muere de ganas de retratar a ese tipo tan curioso del bigote minúsculo que espera el autobús, o a la mujer que camina contoneándose por la calle mientras hace malabarismos con un montón de bolsas de la compra. Ava ensaya lo que podría decirles. En un par de ocasiones consigue acercarse a un extraño, pero enseguida la atenaza el pánico. Y se enfada por no intentarlo siquiera.

Un día, Ava está en el parque observando a varias mujeres mientras hacen taichí y alzan los brazos con elegancia. Ya no lo aguanta más. Sacude la cabeza, respira hondo y se acerca a las mujeres para decirles que le encantan las sombras que proyectan sus cuerpos cuando tienen el sol en su espalda. Les pregunta si puede hacer fotos ¡y le contestan que sí! Sigue sin resultarle fácil abordar a la gente, y cuando lo hace muchas personas se muestran groseras e irritadas. Pero a medida que algunos comienzan a acceder, su pila de fotos y su seguridad van aumentando.

UTILIZAR LA SEGURIDAD

Por supuesto, cada persona necesitará seguridad para cosas distintas. Las muchas chicas con las que hablamos nos ofrecieron una lista larga y variada.

Para preguntarle a mi amiga por qué me cortó de una foto en Instagram.

Para decirle a la gente que soy homosexual.

Para denunciar el acoso escolar, aunque los demás se enfaden conmigo.

Para presentarme al equipo de atletismo, aunque solo corro cuando llego tarde.

> *Para guardar silencio, saber escuchar y no hacer que todo gire en torno a mí.*

> *Para participar en clase.*

> *Para mostrar mi verdadero yo. Puede que no les guste.*

> *Para ir a clase de gimnasia. Me da miedo parecer torpe y perdida.*

> *Para decirles a mis amigas que quiero estar sola. Pero no tengo valor para decirles que no cuando quieren quedar.*

> *Para conocer a gente nueva. Me asusta.*

CALENTAMIENTO PARA LA SEGURIDAD

Ahora te toca A TI intentarlo. En primer lugar, reúne las herramientas para comenzar a crear tu propia clave de la seguridad: un lapicero o bolígrafo y un cuaderno o diario. Otra opción es que utilices el móvil para anotar las cosas, aunque los científicos han constatado que escribir las palabras de nuestro puño y letra las graba mejor en nuestro cerebro. Elijas lo que elijas, ese será tu «cuaderno de la seguridad». Puede que te estés aburriendo y estés resoplando por tener deberes, pero esto no tiene nada que ver ni con las matemáticas ni con la historia; tiene que ver con que tú seas ALUCINANTE.

Empieza pensando en las cosas que te suponen un verdadero desafío y anótalas. En otra página, escribe las cosas que se te da bien hacer. Aquí tienes un ejemplo:

Me gusta	Me resulta difícil
Fútbol	Examen de ciencias
Videojuegos	Hablar con un camarero
Ciencias	Ser yo misma

A veces el mero hecho de «ser una misma» exige enormes cantidades de seguridad. A tu edad, los sentimientos son más intensos. Experimentas la necesidad de definirte y demostrar independencia, pero también debes ENCAJAR. ¿Y qué pasa cuando te enfrentas a realidades que podrían hacerte sentir distinta? Si eres una de las pocas chicas de color de tu instituto, por ejemplo, puede que necesites seguridad y valor para mostrarte tal como eres en lugar de intentar adaptarte a un molde. En el caso de los jóvenes LGBTQ, está claro que tomar la decisión de hablar de lo que sientes y de quién eres requiere seguridad, ya que puede que no sea a lo que los demás están acostumbrados. Cada vez que desafías lo que a la mayoría de la gente le parece «normal», necesitas tener seguridad en quién eres tú realmente.

IMPOSTORES DE LA SEGURIDAD

Es probable que ya lo sepas, pero a veces las personas que «parecen» más seguras son las que menos lo son.

Posturas de poder

¿Quieres un poco de seguridad rápida? Prueba esta postura de poder: ponte de pie y abre los brazos como si intentaras tocar las paredes. Levanta las palmas hacia fuera. Mantén la postura. SIGUE manteniéndola durante tres minutos: cuenta hasta sesenta muy despacio tres veces.

¡O concéntrate en sentarte erguida! Los científicos consideran que estos dos movimientos pueden aumentar tu sensación de poder y proporcionarte un subidón de seguridad temporal.

COMPORTAMIENTO DE LA IMPOSTORA

- ◆ Ser hipócrita, maleducada o arrogante.
- ◆ Tener la voz más estruendosa de toda la sala y hablar cuando lo están haciendo tus amigos.
- ◆ Conseguir que otra gente se sienta mal y menospreciarla para sentirte tú mejor.
- ◆ Salirte siempre con la tuya.
- ◆ Intentar tener un aspecto estupendo para que los demás te tengan envidia.
- ◆ Asegurarte de que todo el mundo sepa que eres la MEJOR.

LA SEGURIDAD NO TIENE NADA QUE VER CON TU APARIENCIA, SINO CON CÓMO ACTÚAS Y QUIÉN ERES.

PRIMER PLANO DE LA SEGURIDAD

Karah, de once años, estaba orgullosa de su melena. Estaba acostumbrada a que todo el mundo se fijara en ella. Pero cuando su prima Ali enfermó de cáncer y se le cayó el pelo, pidió una peluca. Debido a la enfermedad de Ali, Karah descubrió que muchas personas necesitaban peluca cuando seguían un tratamiento para el cáncer. Decidió cortarse el pelo y donarlo para confeccionar esas pelucas. Le daba miedo quedar mal, que la gente pensara que ya no era guapa. Pero tenía muchas ganas de ayudar a alguien que tal vez necesitara su precioso pelo más que ella. Así que Karah se cortó casi todo el pelo. No puede decirse que al cero, pero casi. Al principio creía que estaba fea sin pelo, pero al cabo de unos días empezó a sentirse poderosa. ¡Ella era algo más que su cabello! Tiene intención de volver a dejárselo crecer, pero ¿quién sabe? Una vez que lo tenga largo, a lo mejor se lo corta y lo dona de nuevo.

CALENTAMIENTO PARA LA SEGURIDAD

A estas alturas ya vas sabiendo qué es y qué no es la seguridad. Comienza a detectarla.

1. **BUSCA REFERENTES** en chicas y mujeres increíbles que conozcas o sobre las que hayas leído. ¿Qué es lo que más te gusta de lo que hacen? ¡Anótalo, porque volver a ello te servirá de inspiración!

2. **CUIDADO CON LOS FARSANTES** que emplean una seguridad falsa para ser crueles o menospreciar a otros. Es posible que los farsantes ronden por los pasillos «actuando» como si rebosaran seguridad, pero es una hipocresía, y tú puedes detectarla a un kilómetro de distancia.

3. **GRÍTALO A LOS CUATRO VIENTOS** y coge el teléfono para mandar un mensaje que halague la seguridad de tres personas que conozcas. Como a tu hermana, que le plantó cara a un acosador escolar. O a tu madre, que ha pedido un aumento en el trabajo. Hazles saber que ves su seguridad en acción, que «te das cuenta» de lo que hacen. Cuando proporcionas a otros ese tipo de impulso ¡también construyes tu propia seguridad!

CREAR MÁS SEGURIDAD: EL PANORAMA GENERAL

A estas alturas, debería estar bastante claro qué es la seguridad en ti misma y por qué es tan importante tenerla. Es probable que estés pensando: «¿Y si no tengo a mano precisamente toneladas de seguridad en ese momento en que quiero probar algo nuevo? ¿Y si quiero presentarme a las pruebas del equipo de debate, pero solo soy capaz de pensar en la gente que me estará mirando y eso hace que sea incapaz de levantarme del sofá?». Bueno, pues esa es la razón por la que es esencial saber crearla.

Los científicos llevan años estudiando la genética y el comportamiento de las personas. Ahora creen que, a pesar de que todos nacemos con seguridad en nosotros mismos, siempre podemos aumentarla. Y he aquí el mecanismo básico para conseguirlo: cuando te pones en acción, no solo empleas la seguridad, ¡sino que terminas «generando» aún más seguridad!

Imagínate que tienes unos cuantos engranajes en la cabeza. La seguridad es la grasa que te ayuda a activar la maquinaria de las ideas y a generar acción. ¿Y cuál es el fabuloso resultado de eso? Esa acción produce más seguridad para la próxima vez.

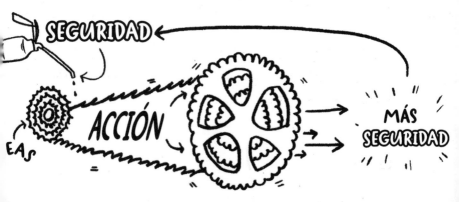

La acción es fundamental para crear tu clave de la seguridad. En «El gran riesgo de Kayla», por ejemplo, Kayla no se ha dado cuenta todavía de que ha ganado seguridad en sí misma por el mero hecho de presentarse a las pruebas del equipo de baloncesto, a pesar de que no las ha superado. Pronto lo descubrirá. Pero volvamos a centrarnos en ti, apoltronada en ese sofá. Imaginemos que te levantas, te presentas a las pruebas de debate y no dices las cosas más inteligentes del mundo en la primera sesión. Te preparas un poco más para la siguiente sesión. Entras en el equipo como suplente, te lo tomas en serio y al final pasas a ser miembro titular del equipo. Este tipo de procesos son los que aumentan de verdad tus reservas de seguridad: intentarlo, arriesgarse, meter la pata, esforzarse y, al final, conseguir que algo se te dé bien. Generar seguridad no tiene mucho que ver con el resultado, es decir, con el éxito.

Está más relacionado con el mero hecho de hacer. Ahora habría muchas más probabilidades de que te atrevieras a probar otras cosas, puesto que ya tienes almacenada una mayor cantidad de seguridad. Pruébalo y verás.

Pero ¿cómo das ese primer paso crítico para convertirte en una chica de acción, para acumular reservas de seguridad cuando aún no cuentas con seguridad extra para poner el proceso en marcha? Bueno, pues tienes que ARRIESGARTE.

CHICAS DE ACCIÓN

A Gracie Kuglin, de nueve años, siempre le han encantado los animales, incluso los que no son tiernos y adorables, como las arañas y los escorpiones. De mayor quiere ser veterinaria. Vendió algunos de sus juguetes viejos y utilizó el dinero para comprarles juguetes a los perros de la protectora de animales. Después descubrió que la sucursal que la protectora de animales tenía en su ciudad, Dakota del Norte, estaba pasando grandes apuros económicos y ni siquiera podía costear cosas tan básicas como las vacunas y la comida. Fue en ese momento cuando Gracie supo que quería dar con una forma de recaudar dinero en beneficio de esos animales. Incluso cinco euros pueden marcar una diferencia: son suficientes para alimentar a quince animales durante un día o para pagar una vacuna.

La abuela de Gracie iba a organizar un mercadillo en su jardín, así que la niña y su madre decidieron que sería una oportunidad perfecta para montar un puesto de venta de limonada. A Gracie suele darle vergüenza hablar con la gente, pero estaba decidida a ayudar a aquellas criaturas. Y cuando se le mete en la cabeza una cosa, ¡no cabe duda de que lo hará! Acudieron personas de hasta más de treinta kilómetros a la redonda para hacer su donativo en el puesto de Gracie, entre ellos el director de su colegio y varios profesores.

Pero Gracie tiene planes aún más ambiciosos. «Necesitan una alambrada nueva para los perros —nos dijo—. También juguetes para los perros y comida para los perros y los gatos... ¡Les faltan un montón de cosas!». Así que, por su cumpleaños, les va a pedir a sus amigos que lleven regalos para la protectora de animales en lugar de para ella. Y va a diversificar su próximo puesto de limonada para incluir también la venta de pasteles. Dice que se ha sorprendido a sí misma de lo atrevida que puede llegar a ser cuando se trata de sus amigos peludos, que no pueden hablar por sí mismos.

CAPÍTULO 2

¡UN ASUNTO ARRIESGADO!

Correr un riesgo es como hacer un gran acto de fe. Implica recurrir a toda la seguridad de que dispongas, y puede que también necesites cierta valentía, entereza y audacia para saltar hasta el otro lado del abismo de lo que te asusta.

Fíjate en lo distintas que son las descripciones del riesgo que proporcionan los diccionarios:

RIESGO:

1. **La posibilidad de que ocurra algo malo o desagradable.**

2. **Una oportunidad de resultar herido o de perder algo.**

3. **Peligro.**

«¿Peligro?». «¿Resultar herido?». Nuestro instinto nos hace evitar el riesgo. Pero recuerda: la acción, sobre todo la que cuesta llevar a cabo, es lo que genera seguridad. El riesgo es justo a lo que Kayla le planta cara en «El gran riesgo de Kayla». Le preocupa ponerse en ridículo o fracasar, pero se lanza tras recibir la ayuda y los buenos consejos de sus amigas.

A veces, si no dispones de reservas de seguridad en ti misma tienes que recurrir a ese tipo de estímulos, o incluso a la fuerza de voluntad, para activar el primer movimiento. Pero cuando comiences llegarás a la zona de creación de seguridad con bastante rapidez. En este capítulo ofreceremos **un plan de siete pasos** para que superes los miedos que al principio genera correr riesgos. Una chica con la que hablamos, Lucy, al final halló la manera de lanzarse.

PRIMER PLANO DE LA SEGURIDAD

Desde los doce años, Lucy tenía un trabajillo de canguro en el que cuidaba a un niño pequeño mientras sus padres hacían la colada o se ponían

TU LISTA DE RIESGOS

Anota cinco riesgos sencillos que quieras correr. Los científicos se han dado cuenta de que cuando una persona se toma el tiempo necesario para anotar un objetivo, tiene un 42 % más de probabilidades de que se haga realidad. Por lo tanto, ¿qué ideas se te han pasado por la cabeza pero te han parecido difíciles o arriesgadas? ¿Aprender a tocar un instrumento nuevo? ¿Hablar con ese compañero de clase tan divertido? Coge tu cuaderno de la seguridad y corre el riesgo de al menos expresarlas. Eso «ya» significa que son más posibles.

al día con las tareas de la casa. Pero, al cabo de un par de años, los padres empezaron a pedirle que hiciera de canguro por la noche cuando salían. Lucy se hacía cargo de todo el proceso de baño, cuento y a dormir. Era divertido, pero también le suponía mucho más trabajo y responsabilidad.

Lucy se dio cuenta de que quería pedirles a los padres que le pagaran más. Pero la mera idea de mantener esa conversación le provocaba ansiedad. Le caían muy bien y eran amables con ella y le dejaban muchas cosas buenas para picar... ¿Y si se enfadaban?

¿Y si se ofendían y pensaban que no quería cuidar de su hijo? ¿Y si creían que no merecía un aumento?

Tras comentar la situación con sus padres, a Lucy se le ocurrió una forma de sacar el tema. Además, hizo una lista mental de lo que podía decirles: <<Me encanta trabajar aquí. Y estoy segura de que estoy haciendo un buen trabajo. Mis responsabilidades han aumentado, y creo que sería justo que empezara a cobraros un poco más>>.

Así que... una noche, cuando los padres del niño volvieron a casa después de ir al cine, Lucy se lo soltó todo. Se sintió mejor de inmediato. Y los padres estuvieron totalmente de acuerdo y le ofrecieron más dinero en el acto. Incluso le dijeron que se sentían mal por no haberlo pensado ellos. Siguieron llamándola para que hiciera de canguro con la misma frecuencia, y todo aquel proceso permitió que la seguridad de Lucy se incrementara.

Lucy corrió un riesgo y valió la pena. Y puede que esta historia haga que parezca bastante sencillo, pero sabemos que no siempre es tan fácil. Estos pasos te ayudarán a aumentar tus ganas de correr riesgos:

PASO 1: ACEPTAR EL RIESGO

Antes de correr riesgos tienes que estar convencida de los beneficios que conlleva. Casi todas las situaciones a las que te enfrentes te presentarán alternativas. Y a menudo la opción más aterradora es la correcta.

 **CUESTIONARIO**

¿Hasta qué punto se te da bien detectar las «ventajas» de una jugada arriesgada?

1. *Jaylen es nueva en su instituto y todavía no tiene ninguna amiga. En la cafetería se ha fijado en un grupo de chicas que parecen divertidas... Puede que una de ellas incluso le hiciera señas para que se acercara.* Jaylen debería:

   a. ¿Sentarse con ellas un día a la hora de la comida?

   b. ¿Seguir pensándoselo más o menos una semana, ver si le dedican algún gesto amistoso más y después intentarlo?

   c. ¿Resignarse a estar sola durante unos cuantos

meses? De esa forma no hay posibilidad de ponerse en el más absoluto ridículo.

2. *A Libby le encantan los animales.*
Gracias a un proyecto del instituto pasó una semana magnífica en un refugio de animales y se le ocurrió la idea de emparejar a perros y gatos abandonados con hogares de ancianos, como la residencia donde vive su abuela. Los ancianos se ponen muy contentos cuando los visitan animales. Debería:

a. ¿Investigar más y tal vez proponerlo cuando sea más mayor y tenga más información? Seguro que de esa forma aprendía mucho.

b. ¿Centrarse solo en sus estudios? Así evitaría la posible humillación.

c. ¿Hablar con el director a pesar de que conversar con un adulto al que no conoce la inquieta?

Respuestas: vayamos por partes

1. La **A** es el verdadero riesgo que debería correr Jaylen. Su intuición le dice que las chicas

parecen simpáticas. Y nunca llegará a saberlo
si espera demasiado. Puede que **B** funcionara,
pero también podría perder su oportunidad.
¡La **C**, por descontado, no es una buena jugada!

2. La **C** es la opción en la que Libby correría un
mayor riesgo, pero es la mejor opción. Puede que
la **A** funcionara, pero es demasiado precavida.
En realidad no necesita perfeccionar su idea.
Podría aprender mucho del director si lo intenta
ya. En cuanto a la **B**... mejor ni la comentamos.

PASO 2: DETERMINA SI SE TRATA DE UN RIESGO INTELIGENTE O ESTÚPIDO

Queremos que aceptes los riesgos «inteligentes». Se trata
de que no hagas nada que te parezca que está mal o que
otra persona te esté presionando a hacer.

Los riesgos inteligentes son cosas que, por lo general, podrían asustarte, pero que, en el fondo, sabes que
multiplicarían las partes divertidas, aventureras y poderosas de tu vida. Piensa en Jaylen y Libby. Quizá se
lleven una decepción o se sientan avergonzadas durante

un tiempo si corren ese riesgo. Pero los riesgos inteligentes suelen terminar compensando incluso si no lo hacen de inmediato.

 CUESTIONARIO

Estos riesgos están entresacados de las palabras de las chicas con las que hablamos. ¿Qué opinas? ¿Son riesgos inteligentes o estúpidos?

1. «Unirme a un club nuevo. Me da miedo, pero parece divertido».
2. «Sacar el móvil a hurtadillas durante las clases».
3. «Publiqué una foto mía y de mi amiga en Instagram sin pedirle permiso a ella».
4. «Hablar con gente nueva».
5. «Probé una jugada nueva, pero me caí».
6. «Presentarme al consejo escolar para protestar contra el código de vestimenta».
7. «Comentarle a mi profesora que se ha equivocado al calificarme en el examen».
8. «Decirle a mi mejor amiga que ha herido mis sentimientos».

9. «Leer mi poema en voz alta ante toda la clase».

10. «Hacer novillos con mis amigas para irnos al centro comercial».

Respuestas: vayamos por partes

En nuestra opinión, la mayoría de estos riesgos son inteligentes. EXCEPTO los números 2, 3 y 10.

N.º 2: lo más probable es que te acarree problemas; espera a después de clase para consultar el móvil.

N.º 3: puede que «parezca» que publicar una foto en Instagram sin permiso está bien, pero lo correcto es preguntarle a tu amiga.

N.º 10: saltarse las clases no es una idea brillante.

PASO 3: ZONA DE CONFORT = ZONA DE PELIGRO

Desde luego, lo que más cuesta a la hora de correr riesgos es salir de la zona de confort. Al fin y al cabo, nuestra zona de confort es precisamente eso: cómoda y confortable. Imagínatela ahora mismo, tu propia y exclusiva zona de confort. Es cálida y acogedora, está llena de pufs y cojines gigantes y mullidos. O quizá de luces titilantes y de muchas cosas para picar en compañía de tu perro o gato.

Todos disponemos de una zona de confort, de pequeños espacios seguros. Es mucho más fácil limitarte a lo que te resulta conocido. No agitar las aguas. Es mucho más sencillo quedar siempre con las amigas que ya tienes, con las que ya todo es relajado. ¿Por qué no esconderse siempre ahí? Las chicas de nuestro siguiente «Primer plano de la seguridad» nos contaron que, durante mucho tiempo, «nunca» quisieron arriesgarse a salir de su zona de confort.

PRIMER PLANO DE LA SEGURIDAD

A Wyatt le encanta dibujar. Nunca se siente más feliz
que cuando está en el aula de arte encorvada sobre
sus garabatos entre nubes de polvo de carboncillo.
Dibuja en los márgenes de todas y cada una de
las hojas de papel que caen en sus manos. A veces
piensa que dibujar en grupo, tal vez crear cómics
con otras personas, podría estar bien. Pero Wyatt
está tan cómoda con los colores y las espirales
de su propio estilo artístico que no sale de ahí.

Feng juega en el equipo de béisbol de su
instituto. Se encarga en solitario de toda la
parte derecha exterior del campo y se encuentra
supercómoda en esa posición. Las chicas que
juegan en primera base y en campocorto son
muy buenas, así que a Feng casi nunca le llegan
pelotas, y cuando lo hacen, tiene mucho
tiempo para situarse debajo de ellas. Desempeña
bien su papel, así que no se pone nerviosa.
No tiene ganas de cambiar las cosas y probar
una posición distinta.

Todos necesitamos nuestras zonas de confort, pero tenemos que ser capaces de salir de ellas para afrontar nuevos retos. Si permanecemos siempre en ellas, podrían volverse agobiantes o aburridas. A pesar de que hacer algo por primera vez da miedo, probar cosas nuevas es la manera de seguir conociéndote. Si te quedaras en tu zona de confort de cuando eras un bebé, seguirías inmóvil. EN CAMBIO, decidiste gatear y ver qué te ofrecía el mundo. ¡Sigue explorando!

PASO 4: ¿QUÉ TE PARECE ARRIESGADO?

Los riesgos son distintos para cada persona. Empieza a reducir tu lista de riesgos mentales. Céntrate en lo que te inquieta.

 **CUESTIONARIO**

¿Qué te parece arriesgado?
- a. Las acampadas.
- b. Tocar en un grupo de música.
- c. Tener un compañero de laboratorio a quien no conoces.

O ¿qué te da miedo?

a. Los toboganes acuáticos y las montañas rusas.

b. Presentarte a las pruebas de un equipo.

c. Compartir una canción que has escrito
con otras personas.

¿Alguna de estas cosas te provoca dolor de estómago?

a. Esquiar.

b. Hacer una presentación delante de toda tu clase.

c. Presentar un dibujo tuyo para la cubierta
de la revista del instituto.

Respuestas: vayamos por partes

Si has elegido mayoría de opciones **A**, lo que suele
ponerte nerviosa es la actividad física. Si te has
decantado sobre todo por la opción **B**, te parece
arriesgado actuar en público. Y si has elegido la **C**,
compartir algo con el mundo, mostrarte vulnerable
ante los desconocidos es lo que te parece arriesgado.

Ten esto en cuenta: el riesgo varía para los distintos
tipos de jóvenes. Los inmigrantes, por ejemplo, pueden
enfrentarse a desafíos que hagan que su vida diaria
rebose de riesgo. Farrah es de Yemen y en su instituto

lleva hiyab, un pañuelo tradicional que las mujeres musulmanas utilizan para cubrirse la cabeza. Solo ella lo lleva, así que el simple hecho de ir al instituto puede resultarle inquietante, pues algunas personas la miran. Recuerda que tiene derecho a estar allí, como todos los demás. Y que puede que no la miren con desdén, sino con curiosidad. Eso hace que se sienta mejor, e intenta demostrar a los demás que es igual que ellos.

En el caso de los chicos y chicas que van en silla de ruedas, que son ciegos o que lidian con cualquier cosa que haga que orientarse por el mundo sea un poco más complicado, correr un riesgo es harina de otro costal. La suya es una batalla constante para manejarse en el mundo físico e ignorar las miradas de los demás.

PASO 5: PEQUEÑOS PASOS

Los investigadores han averiguado que cuando piensas en un reto GRANDE, puede resultar abrumador. También han descubierto que cuando haces una pausa de unos minutos y divides el desafío en muchos pasos menores, resulta mucho más asequible.

Por ejemplo, cuando Lucy quiso hablar con aquellos padres acerca de su trabajo de canguro, fue por partes. Su objetivo era que le pagaran más. Pedírselo le parecía casi imposible, hasta que lo dividió en cuatro pasos. Hizo una lista de sus motivos, después habló con sus padres y ensayó con ellos lo que iba a decir. Por último, escogió un momento para sacar el tema. No lo hizo todo a la perfección, pero tener un plan y pequeñas cosas que hacer durante el proceso la ayudó. A veces va bien empezar con varios **desafíos puente**, una serie de riesgos menores, a modo de pequeños puentes, que al final te conducirán hacia el exterior de tu zona de confort, pasando por encima de todas esas cosas aterradoras que te habías imaginado.

PRIMER PLANO DE LA SEGURIDAD

Wyatt, la chica que vivía dentro de su zona de confort artístico, empezó poco a poco. Estaba cansada de estar siempre sola, pero no quería abrirse a los demás de golpe. Primero dedicó varias semanas a pensar. Se imaginó un grupo de personas a las que les gustaba el mismo tipo de cosas que a ella, que querían dibujar o hacer cómics, bocetar y pensar en leyendas divertidas para sus viñetas. Al final se sintió un poco más valiente y se le ocurrió la idea de montar una revista de arte. El siguiente paso fue colgar un cartel en su instituto para anunciar la nueva revista e invitar a otros compañeros a unirse a ella. Al principio no se animó nadie, y Wyatt se sintió fatal. Pero entonces un chaval anotó su nombre, y luego otro más, y después otros TRES compañeros, y todos se acercaron a conocer a Wyatt a la hora de comer. Ahora están trabajando en su primer número, que está lleno de dibujos y viñetas totalmente excéntricos. Hacer muchas copias y repartirlas entre desconocidos dará bastante miedo, pero es mejor que quedarse sentada a solas al fondo de la sala.

PASO 6: PONTE CÓMODA ESTANDO INCÓMODA

El riesgo no suele ser divertido. Puede resultar incomodísimo. Pero te acostumbrarás. Es como comer algo que nunca has probado. Lo único que funciona es comer un poco cada vez. O ponerte esa camisa nueva unas cuantas veces hasta que te habitúes a ella, o aprender a acercarte y acariciar a los perros una y otra vez. Perseverar en las cosas que no siempre te provocan bienestar es, literalmente, como vacunarte: es un buen pinchazo en el brazo contra las angustias futuras. Naomi nos contó cómo aprendió a tolerar una fuerte incomodidad y cómo logró que su dolor y su miedo terminaran actuando en su favor.

PRIMER PLANO DE LA SEGURIDAD

Naomi pasa horas montando a caballo. Subirse encima de un animal tan enorme y pesado puede resultar arriesgado y peligroso, pero a ella le encanta y quiere convertirse en una gran jinete. Fue a un campamento intensivo donde le asignaron una yegua llamada Lulu. Lulu era un animal muy temperamental y estuvo a punto de fastidiarle a Naomi el gusto por la equitación. Durante cinco días seguidos, la yegua no paró de corcovear y de tirar a la chica al suelo. O bien se agachaba para pastar y le complicaba a su jinete la tarea de manejarla. Además,

Naomi tenía MUCHOS dolores por culpa de las caídas: era como si se hubiera roto la espalda y tenía hematomas por todas partes. Podría dar la sensación de que lo que Naomi estaba acumulando eran golpes y humillaciones, pero durante toda la semana estaba haciendo acopio de seguridad, porque estaba perseverando.

Una vez, Naomi cayó con tanta fuerza que casi no podía respirar. <<Se acabó. Voy a pedir un caballo más fácil>>. Pero cuando volvió a levantarse y vio que no se había roto nada, se dio cuenta de que tenía que seguir perseverando: si se rendía ahora, todas las caídas habrían sido EN VANO. Se percató de que se sentía más fuerte. Así que siguió adelante, se imaginó como una jinete elegante y fuerte sobre un animal bello y poderoso, sincronizada y conectada con él. No tardó en empezar a montar sin miedo.

PASO 7: SÉ TU PROPIA CONSEJERA

Cuando por fin estés lista para la acción, tienes que aprender a ser tu propia entrenadora. Aquí tienes algunos trucos del oficio.

◊ *Visualiza.* Crea una representación mental de lo que quieres que ocurra, de cómo será en realidad. Ha llegado el momento de superar los «¿y si...?» y de concentrarse en «lo que será». Todos los deportistas y cantantes de éxito utilizan la visualización para pasar de los entrenamientos y ensayos a los grandes momentos sobre la pista o el escenario. Es lo que hizo Naomi con su yegua. Los científicos han descubierto que al visualizar lo que DESEAS que ocurra es más probable que HAGAS que ocurra.

◊ *Ensálzate.* Aquí mostramos unas cuantas microinyecciones de seguridad para ayudarte a dar el salto. Ten estas frases a mano en todo momento y utilízalas con frecuencia.

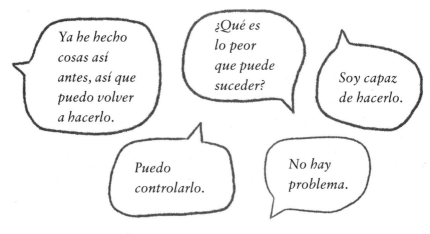

Ya he hecho cosas así antes, así que puedo volver a hacerlo.

¿Qué es lo peor que puede suceder?

Soy capaz de hacerlo.

Puedo controlarlo.

No hay problema.

◆ *Practica.* La repetición hace que todo parezca natural y no un esfuerzo enorme. Ensaya lo que quieres decir o hacer. Prepararse un poco resulta muy útil.

◆ *Elige tu equipo.* Todo entrenador sabe que contar con un gran equipo es fundamental. Tienes que saber quién ocupa tu banquillo, qué adultos y amigos te proporcionarán el tipo de apoyo que recibió Kayla. Empieza una lista y repásala cuando leas el capítulo sobre la amistad.

◆ *Recuerda esta historia.* Un científico que estudia la seguridad nos dijo que había detectado que los hombres obtenían una puntuación mucho mayor en un test matemático de resolución de enigmas. Entonces decidió estudiar las respuestas de las mujeres. Le llamó la atención que se saltaran muchas preguntas. Se dio cuenta de que cuando las mujeres se sentían inseguras, era habitual que no se arriesgaran y conjeturaran. Le dijo al siguiente grupo de hombres y mujeres que TODO EL MUNDO tenía que contestar a TODAS las preguntas. Los resultados de ambos grupos fueron casi idénticos.

◇ *Hora de jugar.* Si ninguno de los puntos anteriores ha funcionado y sigues aterrorizada, convéncete de que vas a HACERLO ASUSTADA. No siempre puedes esperar a que los nervios se desvanezcan. Así que reconoce que estás nerviosa, pero decide pasar a la acción de todas formas.

PRIMER PLANO DE LA SEGURIDAD

Al final, Feng decidió empezar a presionarse un poco, porque estar plantada en la parte exterior del campo de béisbol era muy aburrido. Sabía que odiaba la presión de tener que lanzarse a por una pelota, así que pensó: <<¿Y si mejorara mucho antes de hacerlo?>>. Empezó a entrenar. Pasó horas lanzando una pelota contra el lateral de su casa y después corriendo para atraparla. Sin duda, cada vez se sentía más cómoda, pero solo de pensar en hacerlo DE VERDAD durante un partido le provocaba náuseas. Aun así, cuando su compañera de la primera base se lesionó a mitad de un partido y necesitaron una sustituta, el entrenador le hizo un gesto a Feng para que se acercara y ella decidió ocupar su posición a pesar de los nervios y sin darse tiempo a replanteárselo. Había llegado el momento de la acción, aunque Feng seguía pensando que iba a vomitar. Y sí, se le escapó una pelota. De hecho, se le escaparon muchas. Pero también atrapó otras y se lo pasó bomba. Y ahora espera entusiasmada la siguiente temporada. ¿Quién sabe? ¡A lo mejor intenta ser lanzadora!

Feng corrió un riesgo, titubeó un poco, pero lo hizo bien. Y ahora se han abierto unas cuantas puertas emocionantes en su mente.

Lo que descubrió en realidad es lo que esperamos que tú también veas: no hay forma de que te convenzas de que eres una chica segura mientras te quedas de brazos cruzados en tu zona de confort. La acción y el riesgo son obligatorios y, a menudo... (odiamos decir esto, así que escribiremos con letra muy pequeña), unos cuantos fracasos también.

CHICAS DE ACCIÓN

Amaiya Zafar está acostumbrada a arriesgar y esforzarse. Siempre ha sido bastante menuda, así que cuando a los trece años les dijo a sus amigas que iba a empezar a practicar boxeo, le pusieron los ojos en blanco y le dijeron: «Sí, claro». Su madre, que es enfermera, también tuvo dudas, pues le preocupaba que fuera peligroso. Pero, según cuenta Amaiya, «entonces mi madre empezó a ver que el boxeo me ayudaba a llevar la cabeza bien alta».

Tampoco ha sido sencillo para Amaiya boxear llevando puesto el hiyab, el pañuelo musulmán tradicional con el que se cubre la cabeza desde siempre. Ha provocado más controversias de las que imaginaba. La descalificaron de un combate *amateur* porque se negó a quitárselo. «Mi hiyab es mi corona. Cuando voy por la calle, obtengo un respeto automático gracias a él. Lo valoro muchísimo. Si me lo sacara me sentiría como si me faltara algo esencial». Después de una lucha de dos años, la Federación Estadounidense de Boxeo por fin le concedió permiso para llevarlo... Pero la Asociación Internacional de Boxeo todavía no se lo ha dado, así que Amaiya no puede boxear en los combates de clasificación para las Olimpiadas.

Aun así, ella sigue machacándose durante su agotador horario de entrenamientos y es tan competitiva que suele derrotar a oponentes de mayor tamaño, incluso a hombres. «Siempre he querido ganar a los chicos en todo», dice entre risas. Alberga la esperanza de que sus batallas, tanto dentro como fuera del cuadrilátero, puedan servir de inspiración para otras chicas.

«El boxeo es mi toda vida —afirma—. Todo lo que hago gira en torno al boxeo. Y mi hiyab también es mi vida. No quiero tener que renunciar al uno a favor del otro».

GAPÍTULO 3

FRACASO ABSOLUTO

Esa palabra que empieza por F. Le da miedo a casi todo el mundo. Es mejor no pronunciarla. Y no hablar de ella. Ni siquiera admitir que puede ocurrir. Ya sabes a qué palabra nos referimos:

FRACASO.

Ahí está. En medio de la página, a propósito. Es importante acostumbrarse a la idea de fracasar. No es divertido, por supuesto (no vamos a fingir que haya alguien a quien le encante fracasar), pero es un resultado natural de correr riesgos, forma parte del proceso de generar seguridad y va a ocurrirte, porque le sucede a TODO EL MUNDO.

PRIMER PLANO DE LA SEGURIDAD

No cabía duda de que subirse al escenario ponía muy nerviosa a Helen, de doce años. Pero una vez que se lanzaba solía calmarse. Y al terminar, ¡se sentía genial! Pero cuando le asignaron un monólogo para el gran espectáculo del final del campamento de verano, el pánico empezó a apoderarse de ella. Era muy aburrido y, además, larguísimo.

Helen pasó días memorizándolo y poniéndose a prueba. Estuvo ensayando hasta el momento en que se colocó delante de los focos. El chico que iba delante de ella terminó su actuación y entonces llegó su turno. Se puso de pie, abrió la boca... y de ella no salió ni una sola palabra. Todo su cerebro era un agujero negro. No metió la pata, no habló demasiado rápido ni se olvidó de respirar. No, aquello fue muecho peor, una pesadilla. Entre el público había muchos padres, su madre la estaba grabando en vídeo, pero ella fue incapaz de decir nada. Lo único que logró hacer fue apuntar con un dedo al siguiente participante y bajar del escenario tambaleándose. Tenía la sensación de que jamás podría volver a mirar a la cara a sus padres ni a sus abuelos. Había fracasado.

La mayoría de nosotros hemos tenido un fracaso como el de Helen, y es lo peor. Pero esa experiencia tan dolorosa y humillante de Helen no fue «del todo» mala.

«¿Cómo? —podrías preguntarte—. ¿Qué puede tener de **bueno**?».

Hay datos científicos que demuestran que el fracaso, nada más y nada menos, contribuye a crear éxito.

Sabemos que puede sonar como la típica cosa molesta que dirían los adultos. Porque cuando fracasas por completo no te paras a decir «¡Más éxito para mí!». Estudias, pero aun así cateas el examen; te esfuerzas mucho en hacer un trabajo, pero aun así te ponen mala nota...; un fracaso tras otro. Hay muchas formas de hacer las cosas, y ninguna de ellas parece buena en ese momento.

Pero es cierto que el fracaso tiene un lado bueno. Aunque en realidad no es tanto el fracaso como la recuperación y el aprendizaje lo que puede resultar realmente valioso. Todo forma parte de ese proceso fundamental de generación de seguridad del que hablábamos antes. Las lecciones del fracaso se quedan grabadas en nuestro cerebro, un fenómeno que los científicos denominan «impronta», de una manera mucho más profunda que otros tipos de experiencias. Cuando fracasas, puedes aprender muchas cosas útiles si prestas atención.

 **CUESTIONARIO**

¿Hasta qué punto comprendes el valor del fracaso?

Annie llega al instituto por los pelos todos los días. Se acuesta tarde, sus cosas están desperdigadas por todas partes, tiene la ropa tirada por toda la

Por qué aprender por las malas funciona

Fíjate en estas palabras de personas inteligentes y famosas.

«Es imposible vivir sin fracasar en algo, salvo que vivas con tanta cautela que bien podría considerarse que ni siquiera has vivido... En cuyo caso, fracasas por defecto».
J. K. Rowling, creadora de Harry Potter, asegura que su vida antes del mundo de los magos era un fracaso absoluto

«La realidad es que a veces pierdes. Y que nunca eres demasiado buena para perder. Nunca eres demasiado importante para perder. Nunca eres demasiado lista para perder. Es algo que ocurre. Tienes que aceptarlo».
Beyoncé, la estrella del pop, que fracasó en *Star Search* cuando tenía nueve años

«No me dan miedo las tormentas, porque estoy aprendiendo a gobernar mi barco».
Louisa May Alcott, en su libro *Mujercitas*

*habitación. Su madre la saca a rastras de la cama
a diario y la ayuda a encontrarlo todo, y al final
Annie entra corriendo en el instituto antes de que
suene la campana.*

¿Qué cambiará mejor sus costumbres?

    a. Su madre deja de despertarla. Durante tres días
        seguidos, Annie llega tarde a clase y la castigan.
        Annie se enfada mucho con su madre.

    b. Annie convence a su madre de que le compre
        un despertador nuevo; ahora solo tiene que
        acordarse de poner la alarma.

    c. Annie traza un detallado plan en papel
        milimetrado para organizarse la noche
        anterior, meter sus cosas en la mochila
        y levantarse. Empezará la semana que viene.

Respuestas: vayamos por partes

En el caso de Annie, pese a lo mal que suena, la opción
A resultó ser la que funcionó. He aquí lo que sucedió:

*Tras aquellos tres días de castigo, Annie no quiso volver
a llegar tarde nunca más. Su cuarto está recogido y todas
las noches pone la alarma de su viejo despertador. (Al tercer*

día, el despertador nuevo había quedado sepultado bajo un montón de ropa, y el sofisticado gráfico organizativo nunca llegó a cuajar). El fracaso marcó la diferencia.

 **CUESTIONARIO**

¿Cuál es tu estilo de fracaso? ¿Te suena alguno?

a. Te pasas horas llorando desconsolada. Y luego te zampas una tarrina de helado.

b. Qué más da. Ni siquiera vas a tomarte la molestia de pensarlo. Nunca. Ha sucedido.

c. Se te revuelve el estómago. Te entran ganas de vomitar, literalmente, dondequiera que estés.

d. Te refugias en tu habitación durante un tiempo, pero también eres consciente de que al cabo de unos días tanto tú como el resto del mundo pasaréis página. Es un poco incómodo, pero qué más da.

e. Quieres esconderte, puede que en otra galaxia. No quieres que nadie vuelva a verte la cara.

f. ¡Ostras! No te esperabas meter la pata tan de lleno, pero no pasa nada. No te inquieta mucho.

Respuestas: vayamos por partes

Si tu respuesta ha sido la **A**, la **B**, la **C** o la **E**, entonces BIENVENIDA AL CLUB. Así es como se siente la mayor parte de la gente cuando la fastidia del todo. Fatal. Preocupada. Sin querer reconocerlo.

Si has contestado la **D** o la **F**, entonces has empezado a desentrañar el secreto del fracaso. Si sacas partido de tus pensamientos e intentas mirar las cosas con perspectiva, puedes lidiar con cualquier cosa. Y cuando lo has hecho muchas veces, te vuelves más valiente, más segura, y estás dispuesta a correr más riesgos.

Tal vez debas intentar mirarlo así: si no fracasas de vez en cuando, entonces no aprendes, no maduras ni te haces más fuerte, y lo más probable es que no estés corriendo esos riesgos tan importantes. Además, tampoco estarás creando situaciones divertidas ni aventuras en las que participar. Seguro que recuerdas momentos en los que hayas aprendido del fracaso. La clave no es evitar el fracaso. Es saber qué hacer con él. Y todos necesitamos una chuleta para el fracaso. Aquí explicamos cómo sobrellevarlo y crecer a partir de él:

LAS DIEZ MEJORES SOLUCIONES PARA EL FRACASO

1. **SÉ TU MEJOR AMIGA.** O pórtate bien contigo misma. Recuérdate que los humanos fracasamos. Permítete autocompadecerte un poco si te ayuda, y consiéntete cualquier cosa que te anime. El helado es una buena opción. O pedir un abrazo.

2. **CAMBIA DE CANAL.** ¿Qué te ayuda a alejar tu cerebro del mal rollo? Leer un libro. Ver la televisión. Escuchar música. Quedar con una amiga. Busca una forma de distraerte de lo que acaba de ocurrir. No tienes ninguna necesidad de seguir dándole vueltas y más vueltas en la cabeza.

3. **PONLO EN PERSPECTIVA.** Piensa en otras situaciones similares y ¡recuerda que sobreviviste! Tranquilízate pensando que, por lo general, cuando fracasas la gente no se dedica a hablar de ti, reírse de ti o mirarte. ¿Tú te pasas la vida pensando en aquella vez que tu amiga se tropezó y derramó la leche sobre la mesa de los mayores en la cafetería? ¿La dejaste tirada por eso? Seguro que no.

4. **PIDE AYUDA.** La ciencia demuestra que una de las mejoras maneras de superar un fracaso es abrirse y compartir lo que te ha ocurrido. Habla con tus padres, tus amigos, etc.

5. **CUIDA TU ACTITUD.** Intenta pensar que se trata de un «contratiempo» en lugar de un «fracaso», y tómate ese contratiempo como algo temporal, no definitivo. Es un problema que hay que resolver, no una sentencia de muerte. Pregúntate: «¿Qué he aprendido? ¿Qué haré la próxima vez? ¿Qué tengo clarísimo que NO haré?».

6. **CONFÍA EN TUS REFERENTES.** ¿Te acuerdas de aquella lista de referentes que empezaste? Indaga en busca de historias de fracaso y añádelas a ella. Todo el mundo que ha triunfado también ha fracasado. Agrega tu nombre. Anota uno de tus propios fracasos absolutos e incluye la estrategia para superarlo.

7. **DIVIDE Y VENCERÁS.** Igual que cuando hablamos de cómo podrías afrontar un riesgo, divide las causas de tu fracaso en fragmentos más pequeños y sencillos de procesar y después aborda esos fragmentos uno a uno.

8. **REPITE, REPITE, REPITE.** Un poco de práctica hace que las cosas sean más sencillas... y te ayuda a protegerte de los nervios. ¿Has oído hablar de la memoria muscular? Se refiere a cuando tus músculos continúan realizando los movimientos pertinentes aunque tu cerebro esté distraído. ¡Eso es bueno!

9. **VUELVE A LANZARTE DE CABEZA.** En cuanto estés preparada, mira al fracaso directamente a los ojos. Inténtalo de nuevo, decidida a no cometer otra vez el mismo error. ¿Otros errores? Bueno, pues sí. Pero no el mismo de antes.

10. **LA LISTA DEL PODRÍA-SER-PEOR-MUCHO-PEOR.** Esto es fundamental. Tienes que conservar el sentido del humor cuando se produce un desastre. Pensamientos como «al menos no me olvidé de ponerme los pantalones y fui desnuda al instituto después de que se nos desplomara el tejado» o «al menos no le he enviado ese mensaje tan raro a toda la clase» pueden ayudarte a recordar que ¡DE VERDAD PODRÍA SER PEOR!

REINICIARSE

Como ves, hay muchas formas de reiniciarse después de un fracaso. Echa un vistazo a estas historias sobre Maria, Nell y Lizbeth, que caen en el pozo oscuro del fracaso en situaciones humillantes en las que nunca querrías encontrarte. Reflexiona sobre qué vía de escape prefieres.

A Maria le hace ilusión hacerse amiga de un nuevo grupo de chicas. Tiene fama de ser vivaracha y divertida, así que piensa que será así como se ganará su sitio entre ellas. En medio de un chat de grupo, Maria le envía un mensaje privado a Carmen, la chica a la que MÁS quiere impresionar, para burlarse de lo que su amiga Ashley ha llevado puesto al instituto ese día. Pretende ser graciosa, pero también es un poco cruel. Entonces su teléfono explota. No le ha enviado el mensaje solo a Carmen, sino A TODO EL GRUPO. Ahora TODAS están enfadadas con Maria.

1.ª OPCIÓN DE REINICIO. Maria está perdiendo los nervios, así que decide crear un espacio tranquilo. Apaga el móvil (n.º 2, **Cambia de canal**). Durante un rato se imagina que está condenada a una vida solitaria. Pero empieza a recordar que los demás también meten la pata, tanto en internet como en la vida real (n.º 3, **Ponlo en perspectiva**) y no terminan marginados por la sociedad.

2.ª OPCIÓN DE REINICIO. Maria está muy enfadada consigo misma. Decide jugar al balón con su hermano. Sabe que así se sentirá mejor (n.º 2, **Cambia de canal**). Después piensa en cómo debe actuar. Está claro que el problema tiene solución (n.º 5, **Cuida tu actitud**). Su objetivo sigue siendo ser amiga de Carmen y Ahsley. Va paso a paso (n.º 7, **Divide y vencerás**). En primer lugar: ¡disculpas! Le dirá a Ashley cuánto lo siente. Habla con Ashley y después con Carmen (n.º 9, **Vuelve a lanzarte de cabeza**). Resulta bastante incómodo... Pero al cabo de unas semanas las cosas han vuelto a la normalidad.

Nell va muy bien en el instituto, sobre todo en lengua y en ciencias sociales. Tiene muchas ganas de mejorar en matemáticas para que su media sea de las mejores de la clase. Trabaja con un profesor particular, pasa mucho tiempo haciendo ejercicios con su madre y se prepara para el examen final.

Pero cuando tiene el examen delante, Nell se bloquea. Cuando el profesor le pregunta si necesita ayuda, ni siquiera es capaz de contestarle. Se limita a negar con la cabeza, le entrega la hoja en blanco y se marcha. Todo el mundo lo ha visto. La ha pifiado.

1.ª OPCIÓN DE REINICIO. Cuando Nell llega a casa, se tumba en su habitación a ver películas de Harry Potter y comer palomitas caramelizadas. Llora un par de veces, pero se tranquiliza diciendo que no pasa nada (n.º 1, **Sé tu mejor amiga**). Le cuesta dejar de pensar en lo que significa su fracaso: «No pasaré de curso»... «Acabaré sin trabajo»... Hasta que se dice «¡DÉJALO YA!». Se recuerda que no va a pasarle ninguna de esas cosas y le pide ayuda a su madre

defender la portería, pero ella grita «MÍA». Salta hacia el balón, dispuesta a interceptarlo en el aire y salvar la situación. El balón golpea la red a su espalda. Gol del otro equipo. FIN del partido y Lizbeth lo ha perdido. Todas sus compañeras gruñen y ponen caras largas, y Lizbeth sabe que ha sido ella quien ha dejado escapar el partido.

1.ª OPCIÓN DE REINICIO. A Lizbeth solo le apetece estar sola. Se niega a hablar con sus compañeras de equipo y con sus padres y, cuando llega a casa, se va corriendo a su habitación. Pero entonces recuerda algo que la ayudó la última vez que se disgustó así. Coge un libro y desvía sus pensamientos hacia otras cosas (n.º 1, **Sé tu mejor amiga**, y n.º 2, **Cambia de canal**). A la hora de cenar le dice a su madre que se acuerda de una vez que dejó que un disparo fundamental se convirtiera en gol —justo por la escuadra— y de que aprendió a parar mejor gracias a él (n.º 3, **Ponlo en perspectiva**). Decide pedirle a su entrenadora que trabaje un poco más con ella (n.º 8, **REPITE, REPITE, REPITE**) y pasa página.

2.ª OPCIÓN DE REINICIO. Lizbeth se disculpa enseguida con sus compañeras de equipo y ellas la abrazan mientras señalan errores que todas ellas han cometido. El abrazo de grupo se convierte en un festival de recuerdos de meteduras de pata en el que también interviene su entrenadora. Después, todas comienzan a enumerar a voz en grito las cosas que podrían haber salido mal de verdad (n.º 10, **La lista del podría-ser-peor-mucho-peor**). La sombra de ese fallo se cernirá sobre Lizbeth durante un tiempo. Pero su equipo volverá a jugar la próxima semana (n.º 9, **Vuelve a lanzarte de cabeza**). Pisar de nuevo ese campo es lo mejor que Lizbeth puede hacer, porque se centrará en el partido y no tendrá tiempo para darle vueltas a la cabeza.

CUANDO EL GOLPE DEL FRACASO ES DURO

En «El gran riesgo de Kayla», a la protagonista le parece que no conseguir entrar en el equipo es el fracaso más humillante de su vida. Pero enseguida descubre que no ha sido más que un contratiempo.

Aun así, algunos fracasos parecen más de lo que podemos tolerar. ¿Recuerdas a Helen, la chica que se quedó paralizada en el escenario? Pasó mucho tiempo pensando que era una fracasada. El fracaso se puede quedar grabado en el cerebro, sobre todo si no haces un esfuerzo por controlarlo. A veces necesitarás **cambiar de canal** «de manera constante» —incluso utilizar la chuleta entera—, y aun así puede que te cueste mucho tiempo.

Aunque no te lo creas, Helen terminó volviendo al escenario. Sus padres la ayudaron al no dejar de señalarle distintas oportunidades para actuar. Al final, Helen empezó a desempeñar papeles pequeños en el instituto, pero acabó por solicitar el ingreso en una escuela de arte dramático. ¡La admitieron! «Todavía» se pone muy nerviosa antes de salir a escena, pero la repetición ayuda. Suele calmarse cuando se recuerda que ya ha experimentado el peor fracaso posible... ¡y ha sobrevivido! Y sigue equivocándose en alguna que otra frase e incrementando su seguridad.

USA ESTE UTILÍSIMO MANDO A DISTANCIA PARA CAMBIAR DE CANAL EN TU CEREBRO

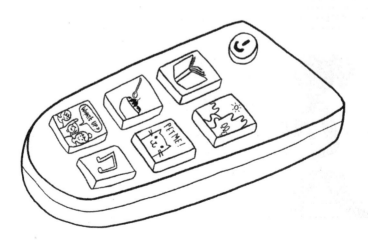

EL GRAN RIESGO DE KAYLA, 2.ª PARTE

Vaya. Da igual. ¡Más tiempo para mí!

¡Exacto!

Hay mucha gente que no ha entrado. Y no es para tanto. Nadie se me ha quedado mirando.

AL DÍA SIGUIENTE

Kayla, siento que no hayas entrado en el equipo. Pero ¿te has planteado presentarte a atletismo?

Eh... vale. ¿Gracias?

¿Más pruebas? Ni loca. Pero... el entrenador cree que puedo pasarlas. ¿Qué podría perder?

UN MES DESPUÉS, ENTRENANDO EN LA PISTA

Si no hubiera sido por el baloncesto, no estaría aquí.

Hum, se acercan las audiciones del musical del instituto y me gusta cantar. «The sun will come out tomorrow...».

CHICAS DE ACCIÓN

Olivia Lee tiene dieciséis años y es la presidenta de la alianza gay-hetero de su instituto. Olivia es de ascendencia coreana y nunca ha tenido la sensación de encajar en el estereotipo de las chicas asiáticas. La gente suele dar por hecho que las chicas asiáticas son calladas, trabajadoras, excelentes alumnas —sobre todo en matemáticas— y un poco tímidas, incluso delicadas. Olivia es muy atrevida y asertiva. A veces la gente se lo ha hecho pasar mal por ser distinta, algo que antes le hacía bastante daño.

Por eso decidió crear un club de empoderamiento para chicas asiáticas en el colegio adscrito a su instituto. Quería que fuera un lugar donde esas niñas pudieran abrirse, ser revoltosas o quejarse de sus padres y los deberes. Preparó presentaciones para explicárselo todo muy bien, pero al final no se apuntó ninguna. Ni una sola. En un primer momento, Olivia se disgustó. Pero después, al cabo de un tiempo, cuando analizó las cosas, empezó a darse cuenta de que, debido al exceso de entusiasmo, probablemente hubiera hablado más que escuchado, y también de que había fallado a la hora de transmitirles el poder que podía llegar a tener aquel club. Está trabajando para elaborar un mensaje más inclusivo que enfatice su convicción de que nadie tiene por qué encajar en un estereotipo. «Todos somos suficiente», dice Olivia.

En lugar de tomárselo como un desastre enorme y aplastante y rendirse, pensó que podía empezar a planearlo mejor para el año siguiente e intentarlo de nuevo con lo que ya había aprendido. Puede que la primera vez fuera un fiasco, pero Olivia está decidida a convertir ese fracaso en energía para ayudar a niñas más pequeñas.

PRIMER PLANO DE LA SEGURIDAD

Della estaba impaciente por llegar a la tienda de deportes. Cuando empezó a buscar ropa que probarse, terminó sintiéndose atraída por lo que se exponía en la sección de chico. Se fijó en las enormes fotografías de deportistas que colgaban de las paredes: los chicos de las imágenes aparecían en actitud activa; las chicas posaban. Había unas cuantas mujeres que correteaban, pero sin sudar, sin intensidad. Della experimentó una conocida sensación de frustración y una especie de empequeñecimiento. Intentó quitárselos de la mente, encontró varias prendas chulas y pasó a la sección de calzado.

Cuando llegó pensó que nunca había visto tantas botas de baloncesto juntas. Fosforitos, sencillas, con velcro, con cordones, brillantes, multicolores...

Tenía un número de pie demasiado pequeño para las zapatillas masculinas, pero las femeninas le irían bien; cuando preguntó dónde podía encontrar las botas de baloncesto de mujer, le contestaron algo sorprendente. TODAS las deportivas que había en la sección de calzado eran para HOMBRES o niños. Al principio Della pensó que se trataba de una broma. Después, una ira abrasadora le invadió el cerebro. Pero ¿qué demonios...? ¿Qué piensan de las chicas y las mujeres? ¿No se enteran de que nosotras también jugamos?

¿Has tenido alguna vez una experiencia de ese tipo? ¿O te has fijado en algún aspecto de cómo ve el mundo a las mujeres que te parezca un tanto injusto? ¿Alguien te

Fair Play!

En 1972, una ley revolucionaria llamada Título IX ilegalizó que se gastara más dinero en los deportes masculinos que en los femeninos en los centros educativos y universidades públicos. Antes del Título IX, las chicas tenían menos equipos escolares y muchas menos jugadoras. A veces ni siquiera disponían de balones o uniformes. Solo había trescientas mil chicas en todo el país que hicieran deporte en el instituto y la universidad. Hoy son bastante más de tres millones. La gente se dio cuenta de que las chicas no tenían las mismas oportunidades, y al aprobar esta ley cambiaron la situación. Hoy en día, las chicas que forman parte de equipos deportivos tienen más probabilidades de graduarse en la universidad y de trabajar en las áreas dominadas por los hombres. Suelen tener más resiliencia y estar más abiertas a la experiencia de intentarlo y fracasar. Pero las chicas siguen abandonando el deporte con más frecuencia que los chicos durante la adolescencia. Por favor, ¡no lo dejéis!

ha tratado de forma distinta porque eres una chica? (Puede que a veces te traten mejor. Los profesores tienden a favorecer a las chicas porque es menos probable que causen problemas y es habitual que obtengan mejores resultados en los estudios. Volveremos a este asunto más adelante). Es posible que nunca hayas ido a comprar botas de baloncesto, pero seguro que entiendes lo mala que fue la experiencia de Della.

EL PODER DE LA OBSERVACIÓN

Parte de tu capacidad para sentirte segura no proviene de tu interior. Procede de cómo funciona el mundo y de qué efecto tiene ese funcionamiento sobre ti. A veces puedes cambiar la cultura. Pero lo más importante es FIJARSE en ella. Hemos utilizado mucho el verbo *fijarse*, porque es una destreza fundamental para la seguridad. Cuando miras el mundo, ser capaz de «fijarte» te ayudará a entender que las sensaciones que experimentas no son aleatorias, que no eres la única que las tiene, y que tal vez incluso puedas llevar a cabo una acción positiva. Convertirte en crítica cultural vuelve a depositar el poder en tus manos.

Della, por ejemplo, supo que su sentimiento de frustración no era erróneo ni estúpido. El problema no era ella, sino la tienda y la cultura que hacía que pareciera adecuado decorar y aprovisionar una tienda de una forma tan desigual. Y ahora puede decidir si quiere hacer algo al respecto.

CALENTAMIENTO PARA LA SEGURIDAD

Mira a tu alrededor. Los siguientes puntos son cosas en las que se fijaron algunas de las chicas con las que hablamos. Te frustren o no a título personal, piensa en ellas durante un instante.

- Es más habitual que llamen «mandonas», «prepotentes» u «odiosas» a las chicas que a los chicos cuando defienden algo o se oponen a ello.
- A las chicas les regalan más diademas, ropa y peluches en los cumpleaños o en las fiestas. A los chicos les regalan más juegos y balones.
- Las jugueterías suelen separar los juguetes en secciones de niño y niña. En las estanterías de las niñas hay más muñecas; los chicos tienen más cosas para construir. La sección de niña es un mar de rosa.
- La figura universal que representa a la mujer en los carteles de los baños es una figura recortada de una chica con falda.
- Los profesores y los entrenadores hacen bromas del tipo «los chicos son así».

CUESTIONARIO

He aquí una situación bastante normal, aunque... hay gato encerrado.

Gigi se engancha a un nuevo drama médico.

Lo protagoniza un equipo formado por cuatro
médicos: dos hombres, el doctor Scott y el doctor
Gregory, y dos mujeres, la doctora Runner y la
doctora Hernández. Todo gira en torno a un aterrador
misterio médico. El doctor Scott y el doctor Gregory
terminan discutiendo y están a punto de matar a su
paciente. En el último minuto descubren la cura.
La doctora Runner está enamorada del doctor Scott,
y la doctora Hernández le da consejos desternillantes.

¿Qué tiene esta película de malo?

Dos médicos hombres y dos médicas mujeres. Todo
bien, ¿verdad? Pues no. Porque ¿de qué trata la historia?
En el caso de las mujeres, de amor. En el de los hombres,
de trabajo. Si ya te habías fijado, ¡buen ojo!

¡SÍ, ESTAS COSAS PASARON DE VERDAD!

⬦ En septiembre de 2016, la portada de la revista
  Boys'Life tenía titulares del tipo «explora tu
  futuro» y «así conseguirás ser lo que quieres
  ser». La portada de *Girls'Life* prometía toda

la verdad sobre «el pelo de tus sueños», «cómo «despertarse guapa», «mi primer beso».

◊ La cadena de grandes almacenes Target presentó una nueva camiseta de chica con la lista de tareas de Batgirl en la parte delantera. Era rosa y decía: «Llevar capa a la tintorería, lavar el Batmóvil, combatir el crimen, salvar el mundo». Por este orden.

◊ En 2016, la empresa Gap publicó un anuncio con la fotografía de un niño y una niña. El niño llevaba una camiseta con una imagen de Albert Einstein. La niña, un jersey con la letra G y los textos «Socialité» y «La comidilla del patio».

COMO UNA NIÑA

Seguro que has oído alguna de las siguientes frases:

✩ No seas tan nenaza.

✩ Lanzas como una niña.

✩ Juegas como una niña.

✩ No llores como una niña.

✩ Chillas como una niña.

✩ Corres como una niña.

CUESTIONARIO

Cuando la gente dice «Como una niña», se trata de:

a. Algo considerado, destinado a hacerle saber a todo el mundo lo fuertes y poderosas que son las niñas.

b. Algo más cercano a un insulto, que implica que hacer algo de la misma forma que una niña es patético.

Respuesta: vayamos por partes

Creemos que sabes cuál de las dos respuestas es cierta.

Las chicas son fuertes y poderosas, tan buenas o mejores que los chicos. Pero circulan unas cuantas suposiciones anticuadas acerca de que las chicas son más débiles, menos competitivas o más tontas.

Algunas personas han empezado a fijarse en esta expresión y han decidido hacer algo al respecto. Se han apropiado de la frase y la han convertido en algo maravilloso. ¡Échale un vistazo a la etiqueta **#likeagirl** y mira qué significa ahora!

Busca indicios del trato diferencial que reciben las chicas y las mujeres. Lo que otra persona piense que deberías ser no debe definirte.

PRIMER PLANO DE LA SEGURIDAD

En primero de la ESO, a Jamie le pidieron que hiciera
un trabajo sobre algo que la apasionara de verdad.
Decidió centrarse en el maltrato contra las mujeres.
Es un tema terrible, pero ella consideró que era
necesario arrojar algo de luz sobre él. Cuando llegó
su turno de hacer la presentación en el instituto, su
profesor se negó a aceptarla. A pesar de que
otros alumnos de la clase habían escogido temas
gráficos y violentos como el maltrato animal,
los genocidios o el canibalismo, el tema de Jamie
se consideró inapropiado porque era demasiado
avanzado. Además, a varios de los profesores les
preocupaba que pudiera resultar ofensivo para
sus compañeros masculinos. Así que Jamie tuvo que
empezar de nuevo. Y no se trató de un incidente
aislado: a Jamie la acosan constantemente en el
instituto debido a sus firmes convicciones... y todos
los insultos que recibe tienen que ver con el hecho
de que es una chica.

CALENTAMIENTO PARA LA SEGURIDAD

Empecemos a pulir tus dotes de observación. Piensa en los siguientes escenarios, coméntalos con tus amigas durante la hora de la comida o saca tu móvil e inicia un chat de grupo.

- ♦ En las películas de acción, ¿quién suele aparecer en todas las batallas y aventuras chulas? ¿Qué hacen las chicas/mujeres? ¿Qué hacen los chicos/hombres?

- ♦ Si tienes hermanos, ¿qué tipo de tareas hacen? ¿Qué tipo de tareas haces tú?

- ♦ Cuando te presentan a amigos de tus padres, ¿recibes más halagos sobre tu aspecto y sobre lo mona que es tu ropa, o por algo que se te dé bien hacer o que hayas hecho?

- ♦ En las fiestas de cumpleaños de tus amigos, ¿hay temas distintos para chicas y chicos?

- ♦ La próxima vez que vayas a la consulta del médico, hojea una revista de deportes. Cuenta cuántos atletas masculinos ves. Después cuenta las atletas femeninas.

- ♦ Hojea una revista de reportajes. ¿Cuántos artículos tratan sobre cosas que han hecho hombres o líderes masculinos? ¿Y cuántos sobre mujeres?
- ♦ ¿Alguna vez te planteas si algo es apropiado o no para ti porque eres una chica?

La vida no siempre es justa. La cancha no siempre está nivelada para todo el mundo en todo momento. Pero si te conviertes en «crítica cultural», tendrás el poder de saber que no es culpa tuya, ¡y eso puede que te anime a actuar!

LAS CHICAS EN EL MUNDO

Aquí van unas cuantas historias que nos han contado sobre cosas en las que se han fijado las chicas. Una vez que empiezas a mirar a tu alrededor, resulta más fácil desarrollar una voz propia y empezar a formarte tus propias opiniones.

Ellie, de once años, es prudente a la hora de levantar la mano en clase. Piensa su respuesta antes de atreverse a alzarla. Quiere asegurarse de que tiene algo valioso que decir. Pero los chicos de su clase tienen la costumbre de agitar las manos como locos o de gritar lo primero que se les viene a la cabeza, aun cuando eso implica interrumpirla a ella o a otra persona. A veces la profesora les dice que esperen su turno, pero en muchas ocasiones se echa a reír como si la situación escapara a su control. Y entonces, Ellie se siente estúpida por seguir las normas y quedarse plantada con la mano en alto.

¿En qué se fijó Ellie?

A Ellie le da la sensación de que hay estándares diferentes para los chicos y para las chicas. Ella entiende las normas y las sigue, mientras que algunos chicos no prestan tanta atención a lo que «se supone que deben hacer». Puede que la próxima vez diga: «¡Eh, que estoy hablando yo!».

Patricia juega al baloncesto en varias ligas diferentes. Una noche, durante el entrenamiento, el entrenador les pidió a todas las jugadoras del equipo que se sentaran en las gradas porque tenían unos invitados especiales: dos representantes de una marca de ropa deportiva importante. ¡Uno de ellos era un antiguo jugador de baloncesto profesional! A Patricia le hacía mucha ilusión que le hablaran de la experiencia de encontrarte en la cima de tu deporte y de jugar en grandes estadios. En cambio, esos invitados les dieron una charla sobre cómo tener el mejor aspecto posible mientras juegas y les enseñaron muestras de ropa deportiva de moda y de maquillaje resistente al agua.

¿En qué se fijó Patricia?

Para Patricia, «jugar» lo mejor posible es más importante que «estar lo más guapa» posible. Lo cierto es que le da igual lo bonita que sea su ropa deportiva, solo le preocupa ganar. Tuvo la sensación de que le estaban diciendo que su aspecto era tan relevante como su juego. ¿A los chicos les dan consejos sobre cómo estar monos?

Los códigos de vestimenta son un GRAN problema para muchas chicas, entre ellas Cammie, de trece años. Le han llamado la atención y la han castigado por llevar unos vaqueros de cintura alta y un top corto, por ponerse leggings y porque se le vieran los tirantes del sujetador. Sin embargo, los chicos van por el instituto enseñando la ropa interior por encima de los vaqueros caídos. A las chicas se les hace cumplir el código con mayor rigor que a los chicos.

¿En qué se fijó Cammie?

A Cammie el código de vestimenta no le parece justo; opina que a las chicas se las somete a un estándar más exigente que a los chicos. ¿Tú qué piensas?

CALENTAMIENTO PARA LA SEGURIDAD

Las chicas de todo el mundo utilizan MONTONES de emoticonos a diario, más de un millón. Coge un móvil: ¿los emoticonos reflejan todas las cosas guais que hacen las chicas? No hace mucho, algunas personas empezaron

EMOTICONISMO

¡LAS CHICAS EXIGIERON MEJORES EMOTICONOS!

a fijarse en que los emoticonos de chicas eran bastante cursis: princesas, novias, bailarinas, etc. Eso inspiró a que hubiera emoticonos de chicas HACIENDO cosas.

ESTEREOTIPAR

Es útil conocer el significado de esta palabra. Lo más probable es que la oigas mucho a tu alrededor. Es cuando se hacen suposiciones demasiado simplistas, y a menudo erróneas, acerca de un grupo específico de personas. Este fenómeno sucede por un motivo. Es bastante fácil, y a veces puede resultarnos cómodo, meter a la gente en un «mismo saco» basado en el aspecto, la raza, la etnia, la nacionalidad, etc., y considerar que todos ellos se parecen. Pero siempre que damos por hecho que las personas que forman parte de un grupo son iguales, podemos tener problemas. Las chicas no son todas iguales, y los chicos, los profesores o incluso los padres, tampoco. ¿Veis adónde queremos llegar con esto?

Estereotipar puede causar mucho daño. Puede meterte en un saco incómodo o mantenerte fuera del lugar al que crees que perteneces. Eso es lo que le pasó a Zena.

PRIMER PLANO DE LA SEGURIDAD

Para hacerse la foto de la orla del instituto, Zena se puso un esmoquin que se había comprado en una tienda de ropa de segunda mano. Cuando llegó al gimnasio a la hora en que la habían citado, el fotógrafo pareció preocupado y llamó al orientador del instituto. Este le dijo a Zena que tendría que cambiarse. Al parecer, el esmoquin no se consideraba femenino así que no le estaba permitido ponérselo. El consejero también murmuró algo acerca de que no era justo para los demás alumnos que Zena saliera tan rara en la orla. Al final la chica tuvo que irse a casa y ponerse un vestido.

CALENTAMIENTO PARA LA SEGURIDAD

¿Qué ves en tu familia?

◊ ¿La gente trata de manera diferente a tu padre y a tu madre porque son de distintos géneros?

- ⬦ ¿Los mecánicos hablan más con tu padre?
- ⬦ Si vives en un hogar monoparental, puede que te hayas fijado en que nadie piensa que tu padre sea capaz de cocinar o en que nadie considera que tu madre pueda arreglar una gotera.
- ⬦ Cuando sales a comer con adultos, ¿a quién le entregan la cuenta?
- ⬦ Si tienes hermanos, ¿la gente os hace preguntas de diferente tipo?

Maya nos contó que incluso los padres con las mejores intenciones pueden tener a veces expectativas «más altas» y estresantes para las chicas.

PRIMER PLANO DE LA SEGURIDAD

Maya, una universitaria de veintiún años, recuerda que sus padres siempre esperaban que ella hiciera cosas muy distintas de las que hacían sus hermanos. <<Cuando era adolescente, tuve la suerte de tener unos padres que me dejaron ser independiente. En muchos sentidos

¡Fue genial! Descubrí que, cuanto más demuestras que eres capaz de hacer cosas por ti misma, más aceptan los demás que puedes hacerlas. Me convertí en una gran cocinera, por ejemplo. Por desgracia, al final eso terminó convirtiéndose en un pequeño problema. Cuando siempre sacas sobresalientes, a nadie le impresiona que saques otro, ¿verdad? Como era capaz de cuidar a mi hermana pequeña, mis padres empezaron a dar por hecho que siempre tendría tiempo para hacerle de canguro, y para ayudar a mi hermano con los deberes, y para encargarme de preparar varias de las comidas. Al principio estuvo bien, pero tener que cuidar siempre a otros antes de empezar a hacer mis deberes o de salir con mis amigos se convirtió en algo estresante. Cuanto más ayudaba, más me pedían mis padres que hiciera. Comencé a tener la sensación de que la opinión de mis padres respecto a mí dependía de que siempre me mostrara "tan servicial".

»Ahora me doy cuenta de que podría haberles dicho que estaba superada. Mis dos hermanos les decían que no, pero yo nunca sentí que pudiera hacer lo mismo. Me encantaría viajar en el tiempo y decirle a mi yo adolescente que ser capaz de defender tu propia felicidad no es egoísta, sino que requiere bastante fuerza».

LAS MUJERES EN EL MUNDO

Hay que observar el mundo adulto con una mirada crítica. Ahora la gente está prestando cada vez más atención a la cultura y a cómo se trata a las mujeres. Y eso es bueno.

Deberías saber:

- ☆ Las chicas son mejores estudiantes que los chicos.
- ☆ Los países con mayor igualdad de género son más ricos y tienen mejor salud.
- ☆ Las empresas con mayor número de líderes femeninas ganan más dinero.
- ☆ Las congresistas de Estados Unidos son legisladoras más eficaces porque trabajan con sus oponentes con mayor frecuencia.

TAMBIÉN deberías saber:

- ☆ En octubre de 2017, solo once jefes de Estado y doce jefes de Gobierno eran mujeres.

- ★ En Estados Unidos, solo el 25 % de los puestos de trabajo de ciencia, tecnología, ingeniería y matemáticas están ocupados por mujeres.
- ★ Las mujeres ganan en torno a un 83 % de lo que ganan los hombres.
- ★ El Congreso de Estados Unidos, por ejemplo, está formado por 535 miembros. En este momento, solo 105 son mujeres.

Pero el público está empezando a fijarse:

- ★ No hace mucho, uno de sus compañeros masculinos mandó callar en dos ocasiones a una de las pocas mujeres del Senado estadounidense mientras esta interrogaba al vicefiscal general del Estado (también un hombre). Muchos de los miembros del público se indignaron, los medios de comunicación lo cubrieron y mujeres de todo el país sacaron a la luz historias parecidas.
- ★ A otra senadora la silenciaron literalmente en el estrado del Senado mientras intentaba leer una carta histórica. La historia sirvió de inspiración para un libro infantil.

✿ Una física de muy alto nivel era la única mujer que participaba en un panel del World Science Festival. El moderador no dejaba de interrumpirla una y otra vez. Al final, un asistente del público le dijo que parara. El festival recibió más atención por las interrupciones que por la ciencia.

✿ Un grupo cada vez mayor de valerosas mujeres procedentes de todo tipo de ámbitos profesionales ha dado un paso al frente, a menudo arriesgando su sustento, para hablar de forma abierta sobre maltratos en el lugar de trabajo.

Las mujeres del mundo están haciendo cosas valientes todos los días.

LA SEGURIDAD EN ACCIÓN

La mayor general Jessica Wright es una de las mujeres con un rango militar más alto del ejército de Estados Unidos. A pesar de que triunfa en un mundo de generales y mayores de mandíbula cuadrada —casi todos hombres—, consigue ser ella misma al cien por cien. Y es una crack.

Se convirtió en la primera mujer en comandar una brigada de combate del ejército. Sin embargo, todavía recuerda cuando acababa de estrenar el cargo de teniente y uno de sus superiores le dijo a la cara que no estaba a favor de las mujeres en el ejército. «Se me pasaron quinientas cosas por la cabeza —dijo—. Lo miré, hice acopio de valor y le repliqué: "Ahora tiene la oportunidad de superar esa opinión, señor"». Funcionó. Se ganó el respeto de aquel hombre y su carrera profesional subió como la espuma.

No tenemos todas las respuestas; solo queremos que sepas que hay cosas que escapan a tu control y que pueden hacer que tu seguridad se tambalee. Habla con las mujeres de tu vida: tu madre, tías, profesoras, entrenadoras, quien sea. Hazles preguntas para disponer de información útil que te fortalezca.

CHICAS DE ACCIÓN

Shiloh Gonsky, de catorce años, lleva nueve jugando al béisbol de receptora. Cuando empezó a practicar este deporte, había muchas chicas en su equipo regional. Pero para cuando cumplió los doce, eran solo unas cuantas. Ahora, es la única receptora femenina de su franja de edad, una de las tres únicas chicas que juegan en toda su división.

Cuando era pequeña, el género de Shiloh no importaba. Pero a medida que fue creciendo, los padres y los demás jugadores empezaron a mirarla con suspicacia. Recibió muchos consejos indeseados de que debería cambiarse a otro deporte menos exigente, como otras chicas. «Yo no quiero dejar el béisbol, me encanta». Incluso durante las sesiones de un campamento de entrenamiento intensivo se dio cuenta de que los chicos mayores la miraban y la señalaban con el dedo. Pero se niega a dejarlo. Opina que jugar al béisbol le ha dado seguridad para hacer muchas cosas, pero sobre todo espera que su perseverancia en este deporte lo convierta en algo más normal para los demás. «No quiero que resulte sorprendente que una chica juegue al béisbol. Quiero demostrar que soy buena y que las chicas saben jugar».

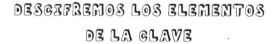

DESCIFREMOS LOS ELEMENTOS DE LA CLAVE

Todos los capítulos que acabas de leer señalan hacia el primer elemento de la clave de la seguridad:

¡Arriesga más!

1. ¡Arriesga más!
2. _____
3. _____

Esperamos que cuando veas esas dos simples palabras recuerdes todos los motivos por los que tienes que ser una chica de acción. El riesgo es una parte fundamental de la creación de seguridad. Tienes que probar todo tipo de cosas, aunque a veces fracases, para conseguir que aumenten tus reservas de seguridad.

SEGUNDA PARTE

SEGURIDAD POR DENTRO Y POR FUERA

ALEX CONTRA SU CEREBRO, 1.ª PARTE

CONTINUARÁ...

CAPÍTULO 5

TU CEREBRO Y TÚ

SOBRECARGA

PENSAMIENTO CATASTRÓFICO

RUMIA

H a llegado el momento de confesarlo. Las chicas y las mujeres solemos pensar demasiado las cosas. Parece que todas nos preocupamos demasiado a menudo por haber metido la pata. Como Alex, en «Alex contra su cerebro», puede que tengas un pequeño pensamiento estresante que enseguida se convierta en la certeza de que eres una inadaptada y de que todo el mundo te está mirando. O puede que te preocupe que tu mejor amiga ya no esté tan a gusto contigo, o decepcionar a todo el elenco de la obra de teatro del instituto si te despistas cuando te den el pie para entrar.

Los psicólogos llaman «rumia» a esos momentos en que no paras de darles vueltas a los pensamientos y te sientes como un hámster frenético atrapado en una rueda. Nosotras lo llamamos «pensar demasiado». Seguro que tú lo llamas «estar atrapado con los PEORES pensamientos posibles, que se niegan a desaparecer». Sea como sea, es horrible. Una vez que la idea de soy-la-persona-más-patética-del-mundo se te mete en la cabeza, que tengas buena suerte con lo de librarte de ella. Es fácil entender por qué la rumia es un aniquilador de seguridad. ¿De verdad estás de humor para emprender acciones arriesgadas cuando tu cerebro no para de dar vueltas como una peonza?

Por «diversión», vamos a darnos una vuelta por un cerebro fuera de control. A lo mejor te resulta familiar.

ENIGMA SOBRE LA SEGURIDAD:
Armagedón académico

Sacas una mala nota en el examen de final de trimestre para el que tanto has estudiado y en el que entraba una materia que pensabas que entendías a la perfección. Y, aún peor, a todos tus amigos les ha ido bien. Estás convencida de que suspender este examen es peor que la destrucción de la Tierra tras el impacto de un meteorito.

Analicemos este escenario y experimentemos esa angustia durante un momento.

Tu profesor reparte los exámenes corregidos. Otros compañeros parecen satisfechos, incluida la chica con la que estudiaste. Esa es una muy buena señal. Entonces, el profesor deja tu examen delante de ti. Estampada en la parte superior hay una palabra enorme: SUSPENSO. Y piensas:

Madre mía. Dediqué muchas horas a estudiar para este examen. Vale. Mantén la compostura. ¿Son lágrimas lo que me escuece en los ojos?

NI DE BROMA. *Nada de llorar. Parad, lágrimas,* AHORA MISMO. *¿Acaba de quedarse toda la clase callada de golpe? Ruidos, charla, cualquier cosa... Por favor, que alguien se gane un grito para que no tenga que seguir aquí sentada con* TODA *la clase mirándome.*

Cuando te llevas un disgusto por una nota, puedes caer en una espiral descendente a una velocidad de vértigo. Ya sabes cómo funciona:

Todo el mundo piensa que soy una fracasada... Mi profesor cree que soy una fracasada... Mis amigos piensan que soy una fracasada... Soy un fracaso absoluto... No entraré en la carrera que quiero... Mi madre va a matarme... A lo mejor es que soy tonta... Siempre seré una burra en matemáticas.

¿Cuánto tiempo se prolongan estos pensamientos?

¿Veinte minutos?

¿Una hora?

¿Seis horas?

¿Un día?

¿Tres días?

¿Una semana?

¿Dos semanas?

Si te machacas por una mala nota durante más de un día, resulta agotador. ¿Cuántos pensamientos del tipo «Soy una inútil» has dejado que se cuelen en tu cerebro? ¿Quinientos? ¿Dos mil? ¿Un trillón? ¿Se están instalando en tu cerebro, pasándoselo pipa, acomodándose como si estuvieran en su propia casa?

Sí. Estás en plena rumia.

La buena noticia: podemos ponerle fin. Pero primero tenemos que examinarla con mayor detenimiento.

EXPEDICIÓN AL INTERIOR DE TU CEREBRO

¿Qué pasa en ese órgano inmenso que vive en nuestro cráneo? Es un centro de control asombroso. Pero también es capaz de producir en serie algunas formas de pensar bastante alocadas. Aquí es donde «tu capacidad para fijarte» es especialmente valiosa de nuevo. Dirígela hacia ti. Cuando observamos nuestros pensamientos, podemos cambiarlos de verdad.

Para que quede claro: ¡no decimos que pienses más

ni que le eches más leña al fuego de la rumia! «Observar» tus pensamientos es una habilidad que los científicos llaman **metacognición**. Es como ver tus pensamientos y sensaciones «desde lejos». La rumia es como estar atrapado «dentro» del aterrorizador tornado de esos pensamientos. Observa los patrones de pensamiento distorsionado más comunes. ¿Te recuerdan a ti?

CATASTRÓFICO: ¿te precipitas enseguida hacia las PEORES conclusiones? ¿Lo malo te parece siempre más poderoso que lo bueno? ¿Sacar una mala nota, como en caso del Armagedón académico, significa que sin duda la seguirán más malas notas?

LECTORA DE MENTES: ¿das por sentado que sabes lo que piensan los demás, sobre todo cuando se trata de ti? ¿Estás casi convencida de que cualquier cosa mala que ocurra tiene que ver CONTIGO, o que eso es lo que piensa la gente? Si dos personas están cuchicheando en clase, ¿TIENE QUE ser acerca de tu respuesta?

GRABADO EN PIEDRA: ¿tienes la sensación de que las cosas son como son, de que son inmutables, de que es imposible hacer cambios? Está claro que la nota de ese trabajo significa que eres tonta, y no es que se pueda hacer mucho al respecto. No ha tenido nada que ver con el esfuerzo ni con la comprensión del proyecto: se te dan mal los estudios y punto. O cuando fallas un revés jugando al tenis, ¿piensas de manera automática «soy mala jugando al tenis» en lugar de «se me dan mal los reveses, tengo que practicarlos más»?

El titular es: **nos mentimos a nosotras mismas; mucho.** Ser una persona de pensamientos **catastróficos, lectores de mente** o **grabados en piedra** quiere decir que te estás contando trolas más descabelladas que cualquiera que hayas intentado colarles a tus padres o amigos. Fíjate en esas mentiras que te cuenta tu cerebro y en lo dañinas que pueden ser.

Estas son las razones por las que el pensamiento retorcido puede causar verdadero dolor:

Lo que PENSAMOS crea lo que SENTIMOS, que después moldea lo que HACEMOS.

Y ahí es donde enlazamos con la seguridad. Pensar demasiado desemboca en emociones negativas y, a veces, en acciones imprudentes. Pero, sobre todo, en FALTA DE ACCIÓN. Nos quedamos paralizadas. Y la falta de acción significa que no se genera seguridad.

CALENTAMIENTO PARA LA SEGURIDAD

Comprueba que una forma distinta de «pensar» acerca de una situación idéntica puede modelar tus «sentimientos» y después tus «acciones».

Escenario #1

Situación: Zo tiene once años y se está esforzando para bailar una danza india tradicional en una fiesta familiar.

↓

Pensamientos: «¿Y si lo hago todo mal y decepciono a mi familia? ¿Y si fastidio la fiesta entera? Hay muchísimas cosas que podrían salir mal».

↓

Sentimientos: Nerviosismo, preocupación, ansiedad.

↓

Acción: Zo le dice a su madre que está demasiado nerviosa y abandona. Después, en la fiesta, se siente frustrada al ver a su prima actuando en el escenario cuando podría haber sido ella.

Escenario #2

Situación: Zo tiene once años y se está esforzando para bailar una danza india tradicional en una fiesta familiar.

↓

Pensamientos: «¡Es genial que por fin mis padres me hayan pedido que forme parte de una tradición familiar y que vaya a poder demostrar cuánto me esfuerzo! Puede que no salga perfecto, y estoy nerviosa, pero es delante de familiares que me quieren y me apoyan».

↓

Sentimientos: Emoción, alegría, orgullo.

↓

Acción: Zo sale airosa con uno o dos fallos, pero está orgullosa de sí misma y recibe un gran aplauso.

Escenario #1

Situación: Keisha es una repostera excelente y su profesora le pide que prepare algo especial para el puesto de dulces que montarán con la intención de recaudar dinero para un viaje escolar.

↓

Pensamientos: «¿Y si a nadie le gustan mis magdalenas? Si no se venden, será culpa mía que no podamos irnos de viaje».

↓

Sentimientos: Nerviosismo, ansiedad, preocupación.

↓

Acción: Atención dispersa, lo que significa que se le termina quemando una tanda de magdalenas.

Escenario #2

Situación: Keisha es una repostera excelente y su profesora le pide que prepare algo especial para el puesto de dulces que montarán con la intención de recaudar dinero para un viaje escolar.

↓

Pensamientos: «Me hace sentir bien que mi profesora me haya pedido que me haga cargo de esto. Debe de confiar en mí. ¡A mis amigos les encantan mis postres!».

↓

Sentimientos: Orgullo, satisfacción, pericia.

↓

Acción: Una agradable tarde de repostería, con tiempo para ver la tele.

¿Ves la gran diferencia que hay si eres capaz de alejar de tu mente esos pensamientos descontrolados?

TE TOCA

Prueba lo siguiente:

Siéntate en una postura cómoda y cierra los ojos. Recuerda algo malo que te haya sucedido o algo que pensaras que era horrible: una nota malísima, un comentario cruel por parte de un amigo, una pelea con tus padres o algún hermano, o algo peor que no logremos imaginarnos. Pasa un rato con esos pensamientos negativos. Dales rienda suelta en tu mente. *¿Te has fijado en que, con tan solo recordarlos, te SIENTES triste, enfadada o muy deprimida?*

Ahora, intenta recordar algo maravilloso. Intenta revivir ese momento en tu cabeza. *¿Te das cuenta de que puede que hasta estés sonriendo, de que te sientes más tranquila y animada?*

Has generado ambos conjuntos de sentimientos al introducir esos pensamientos concretos en tu cabeza. Ahora ya ves por qué necesitamos seguirles la pista a nuestros juegos mentales.

CALENTAMIENTO PARA LA SEGURIDAD

Empieza a fijarte en que en ocasiones los chicos y las chicas tienen pensamientos muy distintos acerca de la misma situación. Aquí tienes un cuento de dos cerebros.

Ciara estaba trabajando en un proyecto de ciencias en grupo y tuvo una idea fantástica para el cuadro eléctrico que estaban construyendo. Se la contó a sus compañeros, pero Leo dijo: «No estoy seguro de que vaya a funcionar, pero si añadimos papel de aluminio para que conduzca la electricidad, ¡lo petaremos!».

Pensamientos de Ciara	Pensamientos de Leo
Ciara está dolida. Ahora le preocupa que todos sus compañeros piensen que es la chica de las ideas estúpidas. Y Leo creerá que es idiota, ¿no?	Para Leo no ha pasado nada. No ha echado por tierra la idea de Ciara, solo ha hecho una sugerencia para que funcione mejor. Según Leo, están trabajando bien en equipo.

TODO ESTÁ EN TU CABEZA

Las chicas damos por hecho que nos equivocaremos. Varios universitarios estaban a punto de someterse a un examen sorpresa de ciencias. Se les pidió que predijeran el resultado. Los chicos pensaron que acertarían en torno a 7 de cada 10 preguntas; las chicas, unas 5,8 de cada 10. Entonces hicieron el examen. Cuando terminaron, los chicos aventuraron que les había ido mejor de lo que les había ido en realidad. Las chicas dijeron todo lo contrario.

Todos obtuvieron unos resultados parecidos. Pero las chicas dieron por sentado lo peor. ¿Te ha pasado alguna vez algo así con un examen o algo similar?

DATOS INTERESANTES SOBRE EL CEREBRO

¿Son distintos el cerebro masculino y el femenino? La idea general es que los hombres y las mujeres, los chicos y las chicas tienen la misma inteligencia básica. Pero hay algunas diferencias funcionales. Ten en cuenta que estas diferencias no son blanco y negro, y que no son aplicables a todo el mundo, pero sí son lo bastante habituales para que merezca la pena reflexionar sobre ellas.

♦ El cerebro de las chicas y las mujeres suele tener una corteza prefrontal más activa. Ahí es donde se sitúa el razonamiento. Los científicos piensan que ese podría ser el motivo por el que a las chicas se les suele dar bien pensar en el panorama general y solucionar problemas.

♦ Las chicas solemos tener vínculos emocionales más fuertes con nuestros recuerdos porque tenemos más desarrollado el hipocampo, la parte del cerebro donde se almacenan los recuerdos. Los chicos recuerdan lo mismo, pero a menudo sin el estrato emocional.

♦ A las chicas se les da mucho mejor la multitarea que a los chicos, porque es más habitual que empleemos ambos hemisferios del cerebro de forma constante. Los chicos tienen tendencia a depender solo del hemisferio izquierdo, que acentúa pensar a fondo en una sola cosa.

♦ Las chicas suelen tener una inteligencia emocional (llamada IE) más alta que los chicos. Nuestro sistema límbico, el centro de control emocional del cerebro, es más grande y está más desarrollado.

♦ Hay una parte de todos los cerebros a la que los científicos se refieren como el centro de la angustia, la circunvolución del cíngulo anterior. Se le da bien detectar problemas y tiene mayor tamaño en el cerebro de las mujeres.

♦ Los científicos han constatado que en el cerebro de las chicas y las mujeres hay siempre más neuronas activas. Al parecer, nuestro cerebro hace más cosas continuamente.

Cómo funciona tu cerebro

Muchas de estas cosas son alucinantes. El cerebro femenino es poderoso y nos concede muchas ventajas. Pero (así es como nos gusta interpretarlo a nosotras) cuando hacemos un uso excesivo de algo genial, nos metemos en un lío. Nuestro cerebro, muy activo y capaz, a veces fomenta que nos preocupemos, que pensemos demasiado o que les demos más vueltas de la cuenta a los recuerdos. Y nos imaginamos consecuencias descabelladas. Y entonces terminamos siendo más cautelosas, corriendo menos riesgos, experimentando más estrés y DIVIRTIÉNDONOS muchísimo menos.

PRIMER PLANO DE LA SEGURIDAD

Luna tiene un montón de anécdotas relacionadas con el hábito de darles demasiadas vueltas a las cosas. ¡Tantas que le ha costado elegir solo una! Una vez, su profesor de matemáticas insistió en que hiciera un examen al que no había podido presentarse el día anterior porque estaba enferma. Ella le suplicó que le diera más tiempo para estudiar, pero él no cedió. Matemáticas es la asignatura que mejor se le da a Luna y su profesor consideraba que estaba preparada para hacerlo. Pero los pensamientos de Luna SE DESBOCARON y se quedó casi paralizada. Se aferró a la absurda idea de suspender a propósito, puesto que su profesor tenía la regla de que los alumnos que suspendían podían volver a hacer el examen. Así que Luna intentó averiguar las respuestas correctas y luego las borró y escribió otras. Su profesor se dio cuenta de lo que estaba haciendo y la detuvo. La aprobó por los pelos. Si hubiera sido capaz de controlar sus pensamientos, le habría ido mucho mejor.

Si este tipo de cosas te resultan familiares, NO estás loca y NO estás sola. Nuestro cerebro puede funcionar de esta forma.

Como se nos da tan bien predecir el futuro, veamos cuál es la mayor consecuencia de pensar demasiado las cosas en lo que a seguridad se refiere: no lanzarse de cabeza a la vida, no correr riesgo, NO disfrutar de todas las aventuras de las que podríamos estar disfrutando porque la preocupación y la duda nos paralizan.

PRIMER PLANO DE LA SEGURIDAD

A June, de once años, le da miedo tanto quedarse a
dormir en casa de sus amigas como ir a las excursiones
del colegio. Intenta con todas sus fuerzas ilusionarse
como los demás, pero entonces la cabeza empieza
a darle vueltas sin parar. ¿Pasárselo bien? Imposible
de imaginar. Es incapaz de dejar de pensar en todos
los interrogantes: ¿y si se pone enferma y su madre
no está? ¿Y si se queda sin comida? ¿Y si el baño está
muy lejos? ¿Y si le entra miedo o echa de menos su
casa? Si está en casa de una amiga, a lo mejor no
es tan malo, porque al menos sus padres podrían ir
a recogerla enseguida. Pero ¿una excursión escolar
pasando la noche fuera? ¿Y si se marea en el autobús?
¿Y si se confunden de ruta y se pierden? Solo de
pensarlo le entra dolor de estómago. June acaba
por decir que NO a oportunidades de divertirse,
y muchas veces se queda en casa porque
sus pensamientos negativos y miedosos
desplazan todo lo demás.

RECABLEADO: CAMBIA TU CEREBRO

Puede que nuestro cerebro se desvíe hacia ciertos patrones de pensamiento distorsionado, pero podemos crear nuevas autopistas y senderos en él siempre que queramos. Algunos científicos han descubierto que el cerebro puede recablearse pensando y haciendo las cosas de una manera diferente y creando nuevos hábitos. Lo llaman «neuroplasticidad».

Esa capacidad de recablear nuestro cerebro es el motivo biológico básico por el que podemos crear más seguridad. Los científicos han estudiado el proceso en muchas otras cosas, además de la seguridad. Imagina esa forma de caminar, ligeramente amenazante, como acechante, que tienen las arañas cuando se acercan a una pobre presa confiada. ¿Te provoca escalofríos? El miedo a las arañas (aracnofobia) es muy común. Los estudiosos quisieron comprobar si los cerebros que padecían ese miedo podían recablearse. Reunieron a un grupo de personas que tenían miedo a las arañas, les enseñaron fotos de arañas y les llevaron arañas de verdad mientras observaban su cerebro con equipos especiales. Vieron que el centro del miedo, la amígdala, se activaba. Después, esas mismas personas asustadas entraron en una sala donde aprendieron que la mayor parte de las arañas no son verdaderamente dañinas ni atacan a las personas. Y entonces tuvieron que acercarse y tocar una de las arañas más grandes del planeta: una tarántula.

Después de aquellas sesiones, los científicos volvieron a observar el cerebro de los participantes mientras les mostraban fotos y arañas de verdad. El centro cerebral del miedo ya no se activaba tanto. Pero la corteza prefrontal (la parte del cerebro que se centra en el pensamiento racional) funcionaba a toda velocidad. Es decir, que en apenas dos horas se había creado un cableado nuevo. Así de rápido puedes llevar a cabo ciertos cambios increíbles en tu forma de pensar y sentir.

CAJA DE HERRAMIENTAS DEL RECABLEADO

Esta caja de herramientas te ayuda a cablear tu cerebro en busca de la seguridad. Muchas chicas dicen que ya utilizan varias de ellas.

CUÉNTATE LA HISTORIA DEL <<TAL VEZ>>. Es el primer atajo para construir un puente que te saque de cualquier espiral negativa.

Pensemos, por ejemplo, que estás atrapada en un bucle tan aterrador como tener una araña pegada a la cara. No puedes dejar de obsesionarte con cómo has metido la pata en la presentación oral de hoy. Te has equivocado con los datos, se te han caído las fichas y lo has dicho todo desordenado. La expresión de arrogancia que te ha parecido ver en la cara de esa chica tan insufrible (llamémosla Fiona) te persigue.

Qué hacer:

Crea una nueva historia de lo que ha pasado, quizá unas cuantas, y empieza todas las frases con «tal vez».

«Tal vez Fiona ni siquiera me mirara con arrogancia».

«Tal vez estuviera pensando en esa asquerosidad de pizza que nos han dado para comer».

«Tal vez _____» (Rellena tú el hueco).

Los científicos han estudiado esta técnica y han resuelto que, aunque el «tal vez» no sea la mejor explicación, aunque la historia sea un poco tonta, funciona.

«Tal vez nadie me hiciera caso porque todo el mundo está pendiente de ese chico nuevo tan mono».

Parece una locura, pero pruébalo. En definitiva, estás «tomando perspectiva y pensando de manera flexible», dos destrezas que son fundamentales para la seguridad.

HAZ UNA LISTA DE LOGROS PASADOS Y DE COSAS QUE ESPERAS CON ILUSIÓN. Esto activa los centros del placer de tu cerebro y mantiene en calma los centros cerebrales del miedo. Josie nos contó que ella tiene una lista así (la llama su «mejor libro») justo al lado de la cama. Recurre a ella cuando se siente inútil, y la ayuda a recordar. Empieza la tuya en tu cuaderno de la seguridad.

OBSERVA IMÁGENES POSITIVAS Y TEN PENSA-MIENTOS POSITIVOS PARA CAMBIAR DE HUMOR.

Los científicos han descubierto que liberamos endorfinas (una hormona que nos hace sentir bien) cuando contemplamos imágenes positivas. Y lo mismo sucede cuando albergamos pensamientos positivos. ¡Aunque solo sea un minuto! Sara guarda en su teléfono fotos de cuadros de mujeres haciendo cosas alucinantes. Cuando está estresada, ¡con solo echar un vistazo rápido ya se siente mejor!

PULSA EL BOTÓN DE PAUSA. Cuando Ivy está a punto de estallar, se obliga a entrar en pausa. No hace absolutamente nada durante varios minutos y se fuerza a quedarse inmóvil y respirar hondo. Los investigadores han dedicado mucho tiempo a estudiar a las personas que se detienen, controlan su respiración y también meditan, y se han dado cuenta de que su centro del miedo es mucho más pequeño.

CAMBIA DE CANAL. Recuerdas este consejo, ¿verdad? Es una manera estupenda de desestresar el cerebro. Aria desvía la atención de su mente poniendo música, saliendo a pasear con su perro o ensayando con el violín. Cambiar de canal también impide que tu amígdala se descontrole.

Actitud de gratitud

En este capítulo hemos hablado mucho de los pensamientos negativos. Aquí tienes otra forma de cambiar de canal: utiliza la gratitud. Los científicos han demostrado que las personas que dedican más tiempo al día a mostrarse agradecidas son más felices y están más sanas. Haz todos los días una lista de tres cosas por las que estar agradecida. Podría tratarse de tres cosas que hayas hecho bien o de tres cosas bonitas que hayan hecho otras personas. Programa un recordatorio diario en tu teléfono o pon la lista en un lugar donde la veas todas las mañanas; así podrás plantar esas semillas en tu mente.

ANOTA LOS PENSAMIENTOS NEGATIVOS Y LUEGO ROMPE EL PAPEL O TÍRALO.

Los científicos han descubierto que este acto simbólico nos proporciona más sentimientos positivos. Natalie escribe sus pensamientos negativos con rotuladores gruesos en cartulinas de colores y luego los rompe en pedazos minúsculos. Puede que ensucie un montón, ¡pero sin duda se siente mejor!

SÚBETE A UN GLOBO.

No de verdad, aunque podría ser divertido. Según algunos estudios científicos, tu cerebro se relaja cuando dedicas un rato a imaginarte en la cesta, elevándote despacio por encima de las nubes. Primero, concéntrate en el cielo, los campos, los colores que ves. Y luego baja la mirada hacia el problema que te esté volviendo loca como si perteneciera a otra persona y tú solo lo estuvieras observando. Tu cerebro está adquiriendo perspectiva. Cuando empiezas a dirigir tu cerebro hacia la observación de otras cosas, como el cielo y los colores que te rodean, aunque solo sea mentalmente, la amígdala (el centro del miedo) se calma y la corteza prefrontal (el centro de mando racional) vuelve a entrar en acción. A Stella a veces le gusta jugar a este juego con su madre. Hace poco lo utilizó para decidir cómo elegir entre la fiesta de cumpleaños de su mejor amiga y la de su novio, ¡que eran el mismo día! Una vez que se elevó en el aire, se dio cuenta de que su «amiga» era quien necesitaba más su apoyo.

BÚSCATE UN AMULETO DE LA SUERTE. Busca algo pequeño, algún objeto que te quepa en la mano, y llévalo siempre contigo. Sácalo cuando tu cerebro empiece a sobrecargarse. Piensa en tres palabras para describirlo y concéntrate en ellas de verdad. ¡Magia! Llega la calma. Pensar en esas tres palabras hace que el área de tu cerebro que se encarga del lenguaje «empiece» a trabajar, lo cual quiere decir que el centro del miedo de la parte posterior de tu cerebro puede «dejar» de revolucionarse.

ENIGMA SOBRE LA SEGURIDAD:
De vuelta al Armagedón académico

¿Te acuerdas de aquel desastre en el aula del que hablamos al inicio de este capítulo? Habías sacado una nota decepcionante en un examen. Podías frenar de inmediato la agitación de tu cerebro intentando cambiar de canal y pensando en otra cosa: gatitos, una salida de compras o, aún mejor, otras cosas que hayas hecho hace poco. Más tarde puedes darte ese paseo mental en globo. Con una visión más serena desde las nubes, reflexiona acerca de por qué has sacado la mala nota. Suspender no es normal en ti, así que ¿qué ha pasado? Puede que no entendieras los conceptos. O tal vez no habías estudiado suficiente. Vuelve a pensar en los días anteriores al examen y calcula cuánto tiempo dedicaste al estudio. ¿Demasiadas distracciones? Cuando queda claro lo que ha sucedido es más fácil pasar página.

ENIGMA SOBRE LA SEGURIDAD:
Estrés grave por fiesta de pijamas

Veamos lo bien que se te da gestionar.

Descubres que tu mejor amiga, Tori, ha hecho una fiesta de pijamas con tu otra amiga, Sonya, y que NINGUNA de ellas te lo dijo con antelación. Ellas no tienen ni idea de que lo sabes —aunque has intentado darles oportunidades de ser honestas y tratar el tema con normalidad— y, por un lado, es muy incómodo y, por otro, estás dolida.

Es obvio que te hace sentir fatal, así que tu mente empieza a dispararse en mil direcciones negativas. En primer lugar, trata de relacionar esas ideas con el tipo de pensamiento distorsionado que se está produciendo en tu cerebro.

Patrones de pensamiento distorsionado

- Grabado en piedra.
- Catastrófico.
- Lectora de mentes.

Pensamientos

a. «Se acabó. No podré volver a ser amiga de Tori o de Sonya nunca más. De hecho, no podré volver a ser amiga de NADIE jamás».

b. «Sé que están todo el día riéndose de cómo me han dejado tirada y burlándose de lo idiota que soy. Me critican constantemente y pasan de mí».

c. «Ahora ya no se puede cambiar nada, lo hecho hecho está. Hicieron su elección y no me eligieron a mí. No puedo solucionar el hecho de que no quieran ser mis amigas. Estoy destinada a ser una marginada».

Respuestas: vayamos por partes

a. Catastrófico; b. Lectora de mentes; c. Grabado en piedra

Todas estas opciones están repletas de lógica distorsionada y de pensamientos negativos. ¿Y si tuviéramos una máquina del tiempo y te enviáramos al pasado para que volvieras a intentarlo? ¿Y si utilizaras alguna de esas soluciones fiables que hemos enumerado antes? ¡Intenta relacionar la acción con la herramienta adecuada!

Herramientas de recableado

- Cambia de canal.
- Anótalo y rompe el papel.
- Cuéntate la historia del «tal vez».
- Pulsa el botón de pausa.
- Observa imágenes positivas.

Acciones

a. Te dices que quizá tus amigas hicieron una fiesta de pijamas porque la madre de Sonya no quería dejar a su hija sola en casa por la noche y llamó a la madre de Tori porque la conoce más que a tu madre. A las dos les dio vergüenza que se interpretara como si se estuvieran haciendo de canguro, así que no te contaron nada.

b. Escribes en un documento todos tus pensamientos catastróficos y los imprimes, haces una bola con ellos y los conviertes en juguetes para tu perro.

c. Comienzas a limpiar tu armario o a colgar ideas para redecorar habitaciones en tu tablero de Pinterest.

d. Intentas recordar cosas que tal vez te hagan sentir bien simplemente echándole un vistazo a algunas de tus fotos. Te ayudará a calmar los sentimientos heridos.

e. Antes de llevar a cabo ese increíble ejercicio de precipitarte hacia conclusiones dramáticas, te tumbas en la cama y cuentas las grietas del techo.

Respuestas: vayamos por partes

a. Cuéntate la historia del «tal vez»; b. Anótalo y rompe el papel; c. Cambia de canal; d. Contempla imágenes positivas; e. Pulsa el botón de pausa

Es posible que aprender a controlar tu cerebro sea una de las cosas más poderosas que puedes hacer en favor de tu seguridad y de tu vida. Emplea tus nuevas destrezas mientras lees la segunda parte de «Alex contra su cerebro». Echa un nuevo vistazo a la primera parte de su historia. Fíjate en que el pensamiento catastrófico la arrastra hacia un pozo de ansiedad y en que concentrarse en algo que espera con ilusión la saca de él.

ALEX CONTRA SU CEREBRO, 2.ª PARTE

Espera...

Creo que cambiar mis pensamientos me ayudaría; me centraré en algo que me haga ilusión.

Hum. ¡Estoy impaciente por jugar el torneo de este fin de semana!

¡Prepárate para tu baño de leche, Jason!

Aquí tienes.

Gracias.

Me alegro de saber jugar al baloncesto. Ahora el comedor no parece tan horrible. Mis pantalones DAN IGUAL.

¿Quién eres, Wonder Woman?

¡Vaya reflejos, Alex! Acabas de salvar a ese chaval de una buena.

CHICAS DE ACCIÓN

Cordelia Longo, de catorce años, tuvo que enfrentarse a un problema que puede resultar muy incómodo para cualquier chica: le bajó la regla en clase un día que no llevaba compresas. Intentó comprar una compresa o un tampón en uno de los dispensadores de los baños de su instituto de Seattle, pero la máquina se tragó las monedas y Cordelia se quedó sin nada. ¡Qué vergüenza! No le quedó más remedio que buscar a un conserje y pedirle ayuda. Uf.

Puede que otra persona hubiera pasado página sin más después del incidente, pero Cordelia continuó indignada. «Las chicas no eligen tener el periodo», argumentaba. Pensaba que las chicas no deberían sentirse abochornadas por una función corporal normal solo porque las compresas no sean gratis o las máquinas estén rotas.

A Cordelia le gusta seguirles la pista a las mujeres que admira, y las historias de sus heroínas la animaron a hacer algo. Es asiático-americana, y sus antepasados, los lu Mien, lucharon mucho por los derechos humanos. «Eso me motivó a pelear por mis derechos y por otras mujeres».

Inició una campaña para que esos productos tan
necesarios estuvieran disponibles y fueran gratis en el
instituto. Hizo circular una petición y envió solicitudes
al director y al consejo escolar. En sus cartas afirmaba:
«Igual que el papel higiénico y los pañuelos de papel se
utilizan para funciones corporales normales, las compresas
y los tampones también son necesarios para abordar
funciones corporales que se dan de forma natural. La
única diferencia es que las compresas solo las necesitan
las chicas». Entretanto, su madre y ella compraron cestas
de compresas y tampones y las pusieron en los baños,
acompañadas de citas inspiradoras. Al final, el consejo
escolar se mostró de acuerdo con la petición, así que ahora
esos artículos se proporcionan de manera gratuita en
los dos institutos de la zona de Cordelia. Nos dijo: «Solo
quería mejorar la vida de las personas... y facilitarles
la vida a las chicas».

CAPÍTULO 6

AMISTAD SEGURA

La caída de la amistad

¡Realiza esta maniobra solo en compañía de amigas de verdad!

¿Conoces esa sensación que te invade cuando estás con una buena amiga?, ¿esa felicidad, alegría y calidez especiales y ese sentimiento de estar a salvo que procede de saber que alguien te entiende a la perfección? Si estás convencida de que pasar tiempo con tus amigas es tan importante como comer o respirar, tienes toda la razón.

Los científicos han descubierto que la amistad te hace más fuerte, sana y feliz. Y resulta que la amistad es el mejor entorno posible para poner a prueba e incrementar tus destrezas relacionadas con la seguridad.

DATOS DE LA AMISTAD

◊ La amistad reduce las probabilidades de sufrir enfermedades cardíacas y te ayuda a vivir más.

◊ Cuando estás con tus amigas, generas oxitocina, una hormona que provoca bienestar y contribuye a que te sientas tranquila y feliz.

◊ Un estudio incluso demostró que no tener amistades es tan perjudicial como fumar.

◊ Si metes a una chica en una habitación y le pides que haga algo que odia, como hablar en público o tocar una araña, mostrará menos estrés si la acompaña una amiga.

◊ Las chicas que tienen una buena amiga no producen tanta hormona del estrés.

◊ Las investigaciones muestran que el comportamiento de una amiga es contagioso. Los buenos hábitos de una persona suelen contagiar a sus amigos... Y sus malas costumbres también.

◊ El cerebro de las chicas está cableado para valorar la aprobación de sus amigas, así que preocuparse por lo que piensan los demás es normal.

¡ATENTA!: ¿QUIÉNES SON TUS VERDADERAS AMIGAS?

El primer paso para crear amistades generadoras de seguridad es descubrir quiénes son tus verdaderas amigas. Rodearte de personas que te hacen sentir bien y querida es una forma de hacer que esas reservas de seguridad continúen creciendo. Fíjate en cómo se tratan las unas a las otras (Alex, Kayla e Imani) cuando Kayla necesita apoyo para las pruebas del equipo de baloncesto, o en los halagos que le hacen las amigas de Alex tras su atrevimiento en el comedor. Eso es la amistad.

A continuación encontrarás cómo definieron la amistad las chicas con las que hablamos. Una amiga de verdad:

Es una persona con la que es divertido pasar el rato.

Quiere que yo sea feliz.

Le da importancia a lo que yo le doy importancia.

Me acepta como soy.

Lamenta cuando hiere mis sentimientos.

Se alegra por mí cuando gano.

No me presiona.

Guarda mis secretos.

Tiene cosas en común conmigo.

Da la cara por mí.

Me comprende.

Me escucha.

La otra cara de la moneda es que hay personas que se dicen amigas pero que te hacen sentir mal.

Las chicas nos dieron estos consejos para que reconociéramos cuándo alguien NO es una amiga de verdad. Es cuando:

Se porta mal conmigo.

Cuchichea sobre mis secretos.

No le importa lo que yo piense.

No me escucha.

Dice mentiras sobre mí.

Me impide tener otras amigas.

Me empuja a hacer cosas que no quiero hacer.

> *Me echa la culpa de las cosas que le pasan.*

> *Se burla de mí delante de otras personas.*

> *Me utiliza para que la ayude a estudiar o le preste ropa, pero luego desaparece.*

> *Se muestra competitiva conmigo.*

> *Me hace sentir mal conmigo misma.*

 **CUESTIONARIO**

¿Amiga verdadera (AV) o falsa total (FT)? Intenta detectar las acciones que llevaría a cabo una amiga de verdad.

1. Tu amiga y tú os compráis unos vaqueros nuevos, pero crees que los que se ha comprado ella le quedan mal. Tu amiga está encantada con sus pantalones, ¡así que le dices que le sientan de maravilla!

2. Tu amiga y tú quedáis todos los fines de semana, llueva o truene. Pero llega uno en que a ella la invitan a una fiesta de pijamas y a ti no. Para empeorar las

cosas, tu amiga no para de hablar de ello, porque está muy orgullosa de que una de las chicas populares la haya incluido en su grupo.

3. Tu amiga y tú pensáis qué hacer el sábado. Ella quiere probar el nuevo rocódromo. Tú preferirías ver una peli, pero es lo mismo que hicisteis el fin de semana pasado, así que aceptas su plan.

Respuestas: vayamos por partes

1. **AV:** esta es complicada, no cabe duda. Si tu amiga te pide con sinceridad que la ayudes a tomar una decisión, entonces no pasa nada si eres honesta. Pero si en realidad está encantada con los pantalones, ¡entonces tu labor es apoyarla!

2. **FT:** una amiga verdadera no querrá herir tus sentimientos, así que ponerse a presumir de esa manera no es lo correcto.

3. **AV:** hacer turnos es justo; eres una persona que apoya los intereses de su amiga. La generosidad es una parte importante de las amistades.

TE TOCA

¿Cuál es tu definición de amiga?

Una amiga verdadera _____.

Una falsa total _____.

En general, las chicas son amigas maravillosas (los chicos también, pero las chicas cuentan con destrezas de inteligencia emocional que aplican en sus relaciones). Aun así, sabemos que las amistades no siempre son pan comido. Algunas fluyen sin dificultad. Pero otras veces puede darnos miedo hacer una buena amiga y se necesita tiempo para que te sientas conectada por completo con esa persona. Todas las amistades requieren esfuerzo. Pero forjar relaciones fuertes es un generador de seguridad esencial.

LO BÁSICO DE LA AMISTAD

Comunicación, comunicación, comunicación. La comunicación sincera es el ingrediente más importante en las amistades seguras. Y no nos referimos a que os mandéis mensajes con hasta el último paso que dais o con todos los conciertos a los que asistís. Nos referimos a la comunicación de verdad, lo cual a veces significa hablar de cosas que te hacen sentir incómoda. ¿Alguna vez te sientes herida? ¿Celosa? ¿Enfadada? Ese tipo de emociones tiende a enconarse y crecer si no te enfrentas a ellas de lleno. Abrirse puede parecer arriesgado, pero recuerda que correr riesgos aumenta la seguridad.

Aquí tienes unas cuantas formas fundamentales de comunicarte con tus amigas para fijar los cimientos de unas relaciones poderosas y sanas.

1. RECONOCE CÓMO TE SIENTES. Asómate al interior de tu cerebro y observa lo que está ocurriendo. Antes de poder compartir tus sentimientos con los demás, depende de ti reco-

Consejo presidencial sobre hacer amigos inesperados

El antiguo presidente de Estados Unidos Abraham Lincoln dijo una vez: «No me cae bien ese hombre. Tengo que conocerlo mejor». ¿Qué significa esto para ti? Lincoln reconocía las limitaciones de juzgar a las personas antes de conocerlas de verdad. ¿Estás juzgando a alguien sin conocerlo? Te planteamos un reto de seguridad: piensa en unas cuantas personas que «no te caigan bien» y elige a una para conocerla mejor. Puede que te lleves una sorpresa.

nocerlos ante ti misma. Lo primero que debes descubrir es qué estás sintiendo «de verdad». Pongamos por caso que tu amiga no te ha esperado después de clase como suele hacer. Tal vez intentes restarle importancia. O puede que pienses que estás enfadada. Pero si lo examinas con honestidad, seguramente te sentirás más «dolida». Una vez que creas que sabes cómo te sientes «realmente», acéptalo. No te digas que es malo estar molesta. No pasa nada porque experimentes esas emociones, y tampoco porque las experimenten tus amigas.

2. NO DES COSAS POR HECHAS. ¿Te acuerdas de todas esas desastrosas formas de pensar de las que hemos hablado? No sabes leer la mente de los demás y no todas las cosas malas son lo peor del mundo. Por el mero hecho de que dos chicas estén susurrando, no des por hecho que están hablando de ti. Tampoco supongas que tus amigas son omniscientes. No puedes echarle la culpa a tu amiga por no saber que te morías de ganas de pasar el día con ella. DÍSELO.

3. COMIENZA CON <<YO>>. Una vez que hayas averiguado qué está pasando, comentarlo con tu amiga es la opción más saludable. No te quedes las cosas dentro durante mucho tiempo, porque de lo contrario se enquistarán ¡y se formará un lío mucho mayor! He aquí la mejor forma de hacerlo: comienza con «yo». No parece una acusación si dices: «Yo me sentí herida cuando...», «Yo me disgusté cuando... » o «Yo me sentí como una pringada cuando...». Empezar con «Tú heriste mis sentimientos» o «Tú me hiciste sentir tonta» pondrá a tu amiga a la defensiva y aumentará las probabilidades de que se produzca una pelea. Y no es eso lo que quieres. Es mejor que comiences con cómo te ha hecho sentir A TI la situación. Puede que parezca arriesgado, porque cuando empleas el pronombre «yo» te estás situando en una posición vulnerable, pero también es cierto que así tu amiga podrá mostrarse empática.

141

4. ASUME TU PARTE. Tú también tienes que asumir tu responsabilidad. ¿Has hecho algo para contribuir al problema? Piensa en las responsabilidades de ser amiga de alguien. ¿Se te da bien escuchar y tienes buen corazón? ¿Empezaste tú a meterte con ella y, cuando ella hizo lo mismo contigo, te molestaste? Admite lo que hiciste y dilo en voz alta para que no parezca que le estás echando la culpa a nadie. Una disculpa contiene un gran poder.

5. LLEGA A UN ACUERDO. No será perfecto, pero dar con algo positivo hacia lo que dirigirse después de un problema es, sin duda, el mejor siguiente paso. Por lo general, se trata de un punto intermedio. Recuerda: las buenas amistades reciben y dan.

 CUESTIONARIO

¿Qué es más típico de ti?

1. Tu mejor amiga, Lindsey, quiere ir a la inauguración de una tienda *pop-up*. Desde que os enterasteis de la apertura, no habéis hablado de otra cosa. Sin embargo cuando la tienda abre,

Lindsay va con Najayah y no te lo dice. Te enteras el lunes por la mañana, porque las dos llevan camisetas nuevas y Lindsey ni siquiera te mira a los ojos. Estás muy enfadada. ¿Cómo reaccionas?

a. ¿Que Lindsey no te habla? Se va a enterar de lo que es que alguien te dé de lado.

b. Te plantas delante de las dos y les dices: «¡Las dos me habéis hecho mucho daño!».

c. Vas al baño y respiras hondo varias veces. Te refrescas la cara con agua. Te calmas. Cuando ves a Lindsey a la hora de comer, te sientas a su lado y le dices lo bonita que es su camiseta. Después añades: «Qué bien que pudieras ir, pero creía que íbamos a ir juntas». Dejas que te explique lo ocurrido.

2. Tu amiga Fumi y tú lo hacéis todo juntas, pero ella se ha apuntado al club de programación, que ha empezado a ganar muchas competiciones. Se pasa TODO el día hablando de ello. No puede quedar porque está trabajando en nuevos proyectos o porque está ocupada con las sesiones de diseño con su nueva pandilla. ¿Cómo puedes enfrentarte a su continuo alardeo?

a. Ignoras tus sentimientos. Cuando empieza a charlar sin parar de la última estupidez que estén haciendo, te tragas la rabia. Si finges que todo va bien y que nada ha cambiado, puede que pase sin más.

b. Está claro que a Fumi le interesan más sus nuevos amigos y su reciente fama que ser tu amiga. Así que empiezas a alejarte, porque ella parece muy centrada en su nueva vida.

c. Le pides que salga a dar un paseo contigo para alejaros de todas las demás distracciones. Piensas en la conversación como si fuera un sándwich: empieza y termina con lo fantástico que es que lo esté petando con la robótica. Pero también corre un riesgo, aunque sepas que tal vez haga que se enfade: coméntale que te has sentido dolida y dejada de lado, que es algo que te cuesta reconocer, pero lo haces porque tampoco quieres perder su amistad.

3. Tu amiga Sophie es divertidísima, salvo porque está obsesionada con que seáis las «mejores amigas». Compra pulseras y colgantes a juego para las dos y quiere que lo hagáis TODO

juntas, hasta combinar vuestra ropa. Se molesta cuando publicas fotos con otras amigas o cuando no puedes estar con ella todo el día, y también cuando te cambias de peinado sin consultárselo. ¿Cómo le dices que no puedes ser prisionera de una única amistad?

a. No puedes decírselo. Además, es mejor tener una muy buena amiga que no tener ninguna. No puedes hacer nada al respecto.

b. Evitas sus llamadas. «Te olvidas» de contestar a sus mensajes. Mientes sobre tus planes para el fin de semana. Tienes que superar sus intentos de arrinconarte.

c. Trazas un plan sobre cómo hablar con ella. Ensayas lo que quieres decir para evitar herir sus sentimientos. Le remarcas lo mucho que te apetece ser su amiga, pero le explicas que a ti no te van las etiquetas del tipo «mejor amiga». Utiliza frases que empiecen con «yo» para que no parezca que la estás culpando, por ejemplo, «Yo me siento presionada» o «A mí me gusta tener muchas amigas íntimas, ¡y está claro que tú eres una de ellas!».

4. Tu amiga Vera te confiesa que está coladísima por Sam. Los tres os vais juntos a casa después de clase todos los días, compráis una bolsa de patatas y las compartís. Ahora que sabes lo de Vera, te sientes incómoda cuando estás con ellos. Un día que Vera no va a clase porque está enferma le haces a Sam una broma sobre el cuelgue secreto. En aquel momento te pareció gracioso, pero ahora Sam está raro con Vera y esta sabe que te has ido de la lengua. Se siente dolida.

  a. Te sientes fatal y ni siquiera sabes por qué lo hiciste. No es típico de ti ser tan bocazas. ¿No será que estabas un poco celosa? ¿O tal vez estuvieras enfadada con ella por alterar vuestra dinámica habitual con Sam? Estás desconcertada, así que te limitas a reprimir tu confusión con la esperanza de que todo termine por caer en el olvido.

  b. No soportas lo enfadada que parece Vera, así que le dices: «Sí, se lo dije a Sam. ¡No deberías haber confiado en mí!».

  c. Piensas en tu actitud: ¿es este el tipo de amiga que quieres ser? No, lo más seguro es que no. Así que le dices a Vera que lamentas lo que hiciste y te disculpas con sinceridad. Le preguntas cómo puedes compensárselo.

Respuestas: vayamos por partes

La mayoría de respuestas **A** indica que parece que necesitas llegar al fondo de lo que te está incordiando. ¿Por qué estás molesta en realidad? ¿Te has instalado en una zona de confort de negación o continúas con una amistad tóxica por costumbre?

Si en tus respuestas domina la **B**, entonces estás atrapada en otro tipo de pensamiento distorsionado que te empuja a reaccionar de manera desproporcionada. ¿Imaginas demasiadas catástrofes? ¿Te da por leer las mentes? Intenta romper con ello y salir del ciclo del pensamiento distorsionado para poder llevar a cabo acciones adecuadas, no precipitadas.

Un número mayor de **C** indica que se te da bastante bien expresar tus sentimientos y abordas las amistades con la voluntad de ser abierta y sincera. Con que hayas respondido una sola **C**, ya es un buen comienzo para empezar a construir amistades seguras.

NUEVOS AMIGOS, CON SEGURIDAD

En inglés existe un dicho que podría traducirse más o menos como: «Haz nuevos amigos, pero conserva los anteriores. Los primeros son buenos, los segundos son mejores». No siempre es fácil hacer nuevos amigos, lo que sí es SIEMPRE maravilloso es tenerlos. El proceso te obliga a aumentar tu seguridad, porque acercarse a personas nuevas puede dar miedo. De hecho, en la sección sobre correr riesgos, MUCHAS de las chicas nos dijeron que conocer a gente nueva era su mayor miedo. Pero una vez que das el paso, casi siempre compensa y te ayuda a generar seguridad. Las amigas no tienen por qué ser idénticas a ti. ¡Recuerda mostrarte flexible!

Algunas de las chicas decían esto sobre hacer nuevos amigos:

> *No juzgues. Puede que pienses que «las animadoras son unas creídas», pero podrías perderte una gran oportunidad.*

> *Si pareces triste, la gente no querrá pedirte que te sientes a su lado. ¡Intenta ser positiva!*

> *Piensa en cómo se siente la otra persona.*

> *Muéstrate abierta a diferentes tipos de personas.*

> *Sé simpática con la chica nueva.*

> *¡Haz un cumplido sincero de verdad!*

 # CUESTIONARIO

Madison quiere ir al cine con su nueva amiga Cassie este fin de semana, pero eso significaría tener que atreverse a pedírselo directamente. ¿Y quién sabe qué podría ocurrir? Puede que Cassie la rechace. En el cerebro de Madison conviven todo tipo de respuestas terribles.

¿Qué debería hacer Madison?

a. Mencionarle la película a Cassie como de pasada en el instituto. «Me muero de ganas de ver esa película este fin de semana... Me han dicho que es buenísima».

b. Hacer un poco de trabajo detectivesco. Hablar de los planes para el fin de semana en general y esperar a ver si Cassie ya tiene algo previsto.

c. Buscar un momento a solas con Cassie y preguntárselo directamente.

Respuestas: vayamos por partes

Todas las opciones están bastante bien, pero algunas muestran más seguridad que otras.

a. Si Madison va por este camino, lo intenta, pero permanece en su zona de confort y deja espacio para que se produzcan malentendidos. Si Cassie no dice nada, puede deberse tan solo a que no haya pillado la indirecta, o tal vez sí le apetezca ver una película con Madison pero no precisamente ESA. Es posible que Madison pase un tiempo dándole vueltas a la cabeza por el mero hecho de no haber corrido un riesgo.

b. No es la jugada más estúpida del mundo, pero tampoco la que más seguridad demuestra. De nuevo, esto deja mucho espacio para los malentendidos y los quebraderos de cabeza.

c. Esta es la opción que demuestra mayor seguridad. Será un palo si le dice que no, pero al menos Madison sabrá a qué atenerse. Ahora lo único que necesita es un plan por si Cassie le dice que no. Para empezar, puede que exista una razón válida, como que Cassie esté castigada por haber robado un banco. (Vale, puede que esta no). Si dice que no, Madison no puede dejarse hundir en un pozo oscuro de autocompasión ni jurar que no volverá a hacer amigas en la vida. A Madison le iba bien antes de que Cassie llegara a su instituto. ¡Así que solo tendría que coger el móvil y escribir a otra persona para ir al cine!

AMIGAS TÓXICAS Y AMIENEMIGAS: DESTRCUTORAS DE SEGURIDAD

Imaginemos que piensas que tienes una gran amiga. Os gusta la misma música y jugar al baloncesto, y las dos leéis cómics de forma obsesiva. Un excelente punto de partida. Pero vuestra amistad también tiene altibajos, con un minuto de cercanía y después diez de críticas. ¿Cómo es posible que resulte tan difícil saber si y cuándo va a tratarte mal y hacerte sentir como un trapo? Se reduce a lo siguiente: si no te quiere tal como eres, entonces es probable que más bien sea una amienemiga. Suele costar identificar a una amienemiga, y esa relación puede ser tóxica para ti y tu seguridad.

PRIMER PLANO DE LA SEGURIDAD

Halle y Banni son amigas desde que tenían cinco años. Ahora que tienen doce, Halle nunca sabe qué esperar cuando ve a Banni. ¿Será la Banni dulce que la abraza y quiere relajarse sentada en un puf? ¿O la Banni cruel? La Banni cruel es sarcástica y mordaz y hace que Halle se sienta fatal.

Un día, Banni le dice algo tan hiriente a Halle que esta se siente muy mal. Intenta explicarle a su amiga cómo se siente, pero Banni le dice maldades. Halle se da cuenta de que eso NO es una amistad de vedad. Es demasiado ofensiva y negativa en todo momento. Decide comentarlo con su madre y trazar un plan. Hablará con Banni cara a cara y le dirá que la situación no es buena para ninguna de las dos.

Cuando se enfrenta a ella, Banni se pone furiosa, grita y le dice a Halle a voces que sin ella será una pringada. Es horrible, pero aun así Halle siente un alivio inmediato. Es evidente que está mucho mejor sin ninguna de las dos Banni.

Terminar con una amistad dañina puede dar más miedo que ver una tarántula, incluso que saltar desde lo alto de una montaña. Tal vez sea lo más aterrador a lo que te hayas enfrentado en la vida, pero, sin duda, el veneno de una amistad tóxica minará tu seguridad.

ACOSADORAS

Todas conocemos a las acosadoras: personas agresivas, burlonas, que insultan y se ríen de otras personas y que parecen disfrutar amargando a los demás. Son menos sutiles que las amienemigas y, a menudo, imposibles de esquivar. Necesitas herramientas.

¿Qué hace una acosadora?

> *Dice mentiras.*

> *Se ríe de otras personas.*

> *Hace sentir mal a la gente.*

> *Finge amabilidad o hace cumplidos para ser cruel.*

Y aquí tenemos algunas réplicas de las chicas:

> *Me parece increíble que acabes de decir eso.*

> *Hum... ¿te parece interesante? Porque a mí NO.*

> *Déjala en paz.*

> *No es divertido si no se ríe todo el mundo.*

> *Me parece que no era eso lo que querías decir.*

CUESTIONARIO

Hay otras formas de lidiar con una acosadora.

¿Habías oído alguna vez la palabra «abogadora»?

Una abogadora da la cara por sí misma y por otras personas en lugar de limitarse a ser testigo de cómo acosan a otro.

¿Cómo lidiarías con estas acosadoras?

1. En el comedor hay un chico con síndrome de Down sentado solo a una mesa y un grupo de chicas crueles se están metiendo con él y alborotándole el pelo.

    a. Decides que lo abochornarías demasiado si te acercases y montases un numerito. Así que te sientas en el otro extremo de la sala.

    b. Le tiras el corazón de tu manzana al grupo de acosadoras y empiezas a amenazarlas a gritos con alborotarles el pelo a ellas.

    c. Mantienes la calma. Te acercas y le preguntas al chico si puedes sentarte a comer con él. Les dices a las acosadoras: «No le hacéis gracia a nadie. ¿Por qué no os marcháis de una vez?».

2. En el baño ves a la mayor acosadora de tu curso cerrándole la puerta a Monika, una chica que siempre lleva ropa deportiva, mientras le dice: «Uy, lo siento, este baño es solo para chicas DE VERDAD».

a. Te quedas en tu cubículo y esperas a que se calmen las aguas.

b. Le pegas tal empujón que tiras al suelo a la acosadora y luego le dices a Monika: «¡Todo tuyo!».

c. Respiras hondo para mantener la calma. Te acercas a Monika y le dices: «¡Hola! No le hagas ni caso, solo le gustaría ser tan guay como tú. Te espero y así volvemos juntas a clase».

3. Después de la clase de gimnasia, te das cuenta de que a Pilar se le ha caído toda la ropa en el suelo de la ducha y ahora tiene que ponerse unas prendas empapadas. Algunas de las chicas más populares la señalan y se ríen con disimulo, así que no puedes evitar que se te escape a gritos: «¡Eh, Pilar! ¿Necesitas un paraguas?». Todo el mundo se ríe con ganas.

a. Te escabulles del vestuario. Lo hecho hecho está, ya no puedes hacer nada al respecto.

b. Te metes corriendo en las duchas vestida de pies a cabeza.

c. En cuanto se te escapa, te sientes fatal. Te acercas a Pilar de inmediato y le dices que lo sientes. Coges más toallas del armario y la ayudas a meterse bajo el secador de manos. Esa noche le envías un mensaje para asegurarte de que se siente mejor y decides echarle una mano al final de la siguiente clase de gimnasia para sujetarle la ropa.

Respuestas: vayamos por partes

Si has elegido la **A**, tal vez te convenga esforzarte en plantarles cara a las acosadoras que se crucen en tu camino. La evitación no es muy efectiva.

Si has contestado la **B**, quizá te vaya bien pulsar el botón de pausa durante un instante antes de cargar contra todo.

Si te has decantado por la **C**, ¡tienes una increíble intuición de abogadora!

Si la situación de acoso se vuelve peligrosa o empieza a dar miedo, tienes que explicárselo a tus padres, a un profesor, a una entrenadora o a cualquier adulto. No es ser una chivata, es lo más inteligente que puedes hacer si quieres dar la cara por ti o por tus amigas.

¿PODEMOS HABLAR? LOS SÍES Y LOS NOES DEL LENGUAJE SEGURO

«Quiero contarles a mis amigas cómo me siento, pero me da miedo que se enfaden conmigo», dice Louisa.

Nadie lo pone en duda: las conversaciones sinceras pueden resultar difíciles. Pero tienes que hacerlo, con las buenas amigas y con las amienemigas por igual. ¿Y si elaboramos un guion con algunas ideas sobre cómo traducir el sentimiento que tienes en la cabeza a frases constructivas? Obtuvimos estas ideas de las chicas que entrevistamos. Comprueba si te resultan válidas.

Si te sientes molesta por algo, saca el tema cuando estés cara a cara. Entonces prueba algo del tipo:

¿Podemos hablar más tarde? Quiero preguntarte algo.

¿Tienes un segundo? Necesito que aclaremos una cosa.

¿Te acuerdas del otro día?

¿Qué opinas acerca de...?

Me siento como si...

¿Puedes ayudarme a resolverlo?

Si tu amiga está haciendo algo que no te gusta, ¿qué tal si pruebas alguna de las siguientes frases?

Te aprecio, pero no me gusta lo que has estado diciendo sobre mí.

Si quieres seguir poniendo verde a Tamara, no cuentes conmigo. ¿Podemos cambiar de tema?

Me apetece mucho escuchar tu historia, pero ¿puedes dejarme terminar, por favor?

No me ha gustado que te metieras conmigo durante la comida. No creo que lo hicieras a propósito, pero es la sensación que me ha dado.

¿Qué tal algo así si tienes que decir «no»?

Lo siento mucho, me encantaría, pero hoy me resulta imposible. ¿En otra ocasión?

No me gustan las películas de miedo, pero ¿qué tal algo del tipo _____?

Gracias. Pero no me van esas cosas.

Lo siento... pero tengo deberes.

Qué pena, no puedo...

Practica con estas frases, tal vez incluso te convenga tener una lista con ellas siempre a mano. Seguir un guion en momentos complicados puede proporcionarles una buena inyección de seguridad a tus amistades.

> ¿Podemos hablar? He pasado mucha vergüenza cuando te has burlado de mí.

> Vaya, lo siento, ¡me alegro de que me lo hayas dicho!

CHICAS DE ACCIÓN

Aneeza Arshad tiene catorce años y cree que debe ser cautelosa en todos los aspectos de su vida. Aunque nació en Estados Unidos, su familia es musulmana y procede de Pakistán. Algunas de las mujeres de su familia llevan hiyab, y últimamente han tenido que soportar burlas y miradas impertinentes debido a su religión o su color de piel. Un grupo de personas que intentaba quitarle el hiyab tiró al suelo a una tía de Aneeza que es médica en un hospital. A otras amigas suyas las han acosado en el instituto. Durante años, ha intentado ser dos personas diferentes: una chica musulmana con sus amigas de la mezquita y una chica estadounidense «típica» con los demás alumnos del instituto.

Cuando se cambió de instituto, esos mundos colisionaron: de repente todo el mundo compartía el mismo espacio. Estuvo nerviosa e incómoda hasta que al final se dio cuenta de que tan solo tenía que ser ella misma y reunir a todos sus amigos. «Soy una persona espiritual, así que recé y hablé con mi madre, que es policía montada. Ella lo pasó muy mal para llegar adonde está, así que me gusta pensar que si ella pudo con eso, yo también puedo con las cosas difíciles».

Sus amigos la apoyaron. Con la nueva seguridad surgida de su grupo de amigos, Aneeza y otras dos compañeras musulmanas iniciaron una Asociación de Estudiantes Musulmanes en el instituto. Al principio a Aneeza le resultó intimidante mostrar su fe de una manera tan pública. Poco a poco, su asociación va creciendo. El año que viene, Aneeza espera organizar un evento interconfesional para que los alumnos puedan aprender cosas de todas las religiones en el instituto.

¿QUIÉN DICE QUE PASO DEMASIADO TIEMPO MIRANDO EL MÓVIL?

Redes sociales. Tienen el poder de afectar a tu seguridad casi como ninguna otra cosa. Están literalmente por todas partes, a todas horas, juzgando, tentando, excluyendo y creando expectativas. Lo magnifican todo, desde las amistades hasta las obsesiones, desde los riesgos hasta los fracasos. Tener una relación sana con la vida cibernética es importantísimo, porque las redes sociales pueden ser o bien un agujero negro y definitivo de la seguridad, o bien un nuevo universo potenciador de la seguridad aún por explorar.

COMPRUEBA TU ESTADO

Estás rodeada de teléfonos móviles, iPads y ordenadores desde que naciste. Puede que algunas ya tengáis teléfonos inteligentes. TODAS debéis ser conscientes de lo que os espera en el mundo virtual.

CUESTIONARIO

Pon a prueba tu inteligencia entre pantallas.
¿VERDADERO O FALSO?

1. El 90 % de los adolescentes se conecta a internet a diario.
2. El 10 % de los adolescentes se considera adicto al móvil.
3. La mayoría de los jóvenes que usan redes sociales dicen que compartir demasiados detalles no es un gran problema.
4. La mayoría de los jóvenes piensan que pueden ser más «auténticos» en internet.
5. Un tercio de todas las imágenes privadas enviadas o compartidas se tornan públicas.

Respuestas: vayamos por partes

1. Verdadero. De hecho, el 92 % de los adolescentes se conecta a internet a diario.
2. Falso. El 50 % de los adolescentes se considera adicto al móvil.
3. Falso. El 88 % considera que compartir demasiados detalles es un gran problema.
4. Falso. El 77 % de los adolescentes cree que es menos auténtico y sincero en internet.
5. Cierto. Madre mía, asusta, ¿verdad?

En lo que respecta a tu seguridad, la tecnología puede ser increíble. Las pantallas pueden conectarte con tus amigos y con comunidades de personas que se parecen mucho a ti. Tu móvil o tu ordenador pueden ayudarte a buscar apoyo para correr riesgos, para ser una chica de acción, entre otras cosas.

Pero la tecnología también puede ser mala. Y cuando lo es, es malísima. La vida cibernética tiende a aumentar la velocidad de las vueltas a la cabeza que tan bien se nos dan ya de por sí. Si estás obsesionada con algo que ha pasado en clase, es complicado dejarlo en el instituto y relajarte por la noche, porque estás constantemente conectada. Puedes empezar a chatear sobre ello, a publicar fotos tristes, opiniones y consejos, y a analizar tus «Me gusta». Todo eso no hace sino agravar la obsesión.

El objetivo es utilizar los dispositivos electrónicos con seguridad. Usarlos como herramientas para el bien. No permitir que empeoren los malos pensamientos.

GURÚ FEMENINA

Samera Paz, que tiene veintitrés años, es una de nuestras chicas de acción. Recuerda que, cuando era adolescente, estaba obsesionada con complacer a los demás y ofrecer una imagen perfecta. «Era muy estresante. Horrible», recuerda. Está aquí para hacernos una advertencia: «Las cosas pueden ponerse turbias y feas en las redes sociales, hay MUCHÍSIMAS formas de malinterpretar lo que se dice, de sacar conclusiones precipitadas. No hay nada comparable a compartir sentimientos, opiniones y vulnerabilidades en persona. En internet es muy difícil distinguir entre lo que es real y lo que no lo es, es fácil crear una versión fácil de ti misma, y aún más fácil hacerte adicta a los «Me gusta», los seguidores y los mal llamados amigos».

CUESTIONARIO

¿Tienes un problema? Contesta estas preguntas y sé sincera. Lleva la cuenta de tus respuestas y ¡prepárate para contar al final!

Le echas un vistazo a tu móvil/dispositivo...

1. Cada hora (o cada pocos minutos).
2. Unas cuantas veces al día.
3. Cuando necesitas saber algo concreto, como la hora del entretenimiento.

Envías mensajes a tus amigos...

1. Cada hora (incluso cada pocos minutos).
2. Unas cuantas veces al día.
3. Cuando tienes que decirles algo concreto.

¿Te molesta ver en internet fotos de tus amigos haciendo cosas sin ti?

1. ¿Importar? Te entran ganas de morirte cuando sucede algo así.
2. Es como si te dieran un puñetazo en el estómago. Estás furiosa durante más o menos una hora, pero entonces recuperas el aliento y pasas página.

3. Claro, pero apagas el móvil e intentas recordar que eso le pasa a todo el mundo.

¿Te sientes mal contigo misma si no consigues muchos «Me gusta»?

1. Vives para los «Me gusta» y los seguidores, por supuesto. ¡Cuantos más, mejor!

2. Intentas no mirarlos mucho, pero secretamente ansías esos «Me gusta».

3. Es divertido cuando a alguien le gusta tu Boomerang, pero en realidad tú lo que quieres es ¡hacer otro!

¿Te estresa tu aspecto en las fotos?

1. Por supuesto. Te preocupas mucho por elegir el filtro, la lente y los retoques perfectos para estar estupenda.

2. Solo publicas las mejores, aunque a veces eso significa que no publicas ninguna.

3. ¿Estrés? Qué va. Cuanto más tonta sea la foto, mejor. Ese es tu rollo.

¿Dices en internet cosas de las que después te arrepientes?

1. Claro, pero da igual. Es fácil dejarse llevar y reírse de la gente. Nadie se lo toma en serio.

2. Sí, pero por lo general solo le estás siguiendo la corriente a alguien.

3. La verdad es que no. Tienes muchísimo cuidado con lo que dices.

Respuestas: vayamos por partes

Suma el total de tus puntos: un punto por cada respuesta **1**, dos puntos por cada respuesta **2** y tres puntos por cada respuesta **3**.

Si el total está entre seis y ocho, estás obsesionada por completo. Puede sucederle a cualquiera. Pero tienes que construir nuevos caminos que te alejen de esta obsesión.

Si tu puntuación está entre nueve y catorce, no cabe duda de que eres adicta. De vez en cuando eres capaz de dar un paso atrás y vivir tu vida fuera de la pantalla, pero sigue leyendo este capítulo en busca de ideas para empoderarte aún más.

Si tienes quince o más puntos, tu equilibrio es impresionante. Utilizas las redes sociales cuando quieres. O tal vez se deba a que todavía no tienes mucho acceso a ellas. Unas cuantas estrategias bien sólidas te ayudarán a conservar ese equilibrio.

QUÉ NO HACER: USOS DE LAS PANTALLAS QUE DESTROZAN LA SEGURIDAD

FIASCO TELEFÓNICO TOTAL

¡PON A PRUEBA TUS HABILIDADES EN ESTE NUEVO Y EXTRAVAGANTE JUEGO DE LOCURA ABSOLUTA! AYUDA A ESTAS CHICAS, QUE ESTÁN SUMIDAS EN UN CAOS DE PENSAMIENTOS RETORCIDOS, TERRIBLES PENURIAS TECNOLÓGICAS Y ESTUPIDECES CIBERNÉTICAS SIN SENTIDO.

La caja de herramientas para combatir el pensamiento distorsionado es también útil para las crisis relacionadas con pantallas, pero hemos añadido algunas más.

✮ Cambia de canal.

✮ Pulsa el botón de pausa.

⭐ Utiliza imágenes/pensamientos positivos.

⭐ Búscate un amuleto de la suerte.

⭐ Monta en globo.

⭐ Cuéntate la historia del «tal vez».

⭐ Suelta el dispositivo.

⭐ Mantenlo fuera de tu vista.

⭐ Tómate unas vacaciones de las pantallas.

⭐ Antes de enviar un mensaje explosivo, piénsalo durante un día.

⭐ Habla cara a cara para las cosas importantes.

Ahora, combina opciones de ambas listas para detener las obsesiones.

Dilema #1

Tara adora Snapchat. Se pasa horas y horas enviándoles *snaps* a sus seguidores. Se esfuerza mucho en no perder los iconos de «En racha» y nunca se toma un descanso, porque tiene un FOMO (miedo a perderse algo) terrible. La semana pasada perdió los papeles cuando vio fotos de sus amigas haciendo cosas sin ella. Solo podía significar una cosa: no quieren ser amigas suyas. Su mundo está oficialmente acabado. Cree que debería mandarles a todas un mensaje desagradable, abandonarlas antes de que ellas puedan abandonarla a ella.

Solución #1

Como Tara tiene un **pensamiento catastrofista** y, además, es un poco **lectora de mentes**, ya está segura de que sabe lo que piensan sus amigos. Snapchat no está haciendo más que empeorar la situación. Tara decide dejar el móvil a un lado. Entonces se acuerda de que adoptar otra perspectiva le resultaría útil. ¿Qué estaba haciendo ella cuando sus amigas se tomaron esas fotos?, ¿algo importante, tal vez? Ah, sí, estaba ganando un partido de fútbol. ¡Ahora empieza a sentirse mejor!

Pregunta de BOTE: ¿qué herramientas está usando Tara?

    a. Suelta el dispositivo.

    b. Cuéntate la historia del «tal vez».

    c. Cara a cara.

Las dos primeras, obvio. Fácil, ¿verdad?

Dilema #2

A Rosie siempre le ha gustado hacerlo todo bien. Le encanta tener la habitación impecable y forrar sus cuadernos con las pegatinas perfectas. Ahora que es más mayor pasa muchísimo tiempo en Instagram creando una imagen ideal de sí misma para compartir con el mundo. Es genial, pero también agotador: asegurarse de que tiene el pelo y la ropa perfectos, grabar los vídeos breves más guais... Recibe muchos «Me gusta», y lo ADORA, pero le resulta estresante ser siempre la mejor, más divertida, más guapa y más guay versión de sí misma. Algunos días quiere dar un paso atrás, pero tiene demasiado miedo de que recibir menos «Me gusta» la convierta en una fracasada y que sus amigas la dejen tirada.

Solución #2

Rosie también piensa de una manera **catastrófica**, pues teme que publicar menos y no tener tanta popularidad cibernética sea el fin de su vida social. Es casi como si llevara una máscara, y su adicción a las pantallas le impide quitársela. Recibe muchos halagos, pero ¿serán sinceros? Rosie tiene que alejarse de lo que la obsesiona. Puede que al principio pase de diez a cinco publicaciones diarias, y luego a dos, después a un día sí y otro no, y, al final, no publique nada durante una semana. Y entonces, si es posible, que pase toda una semana alejada de su móvil.

Probemos de nuevo. ¿Cuáles de estas tres herramientas emplea Rosie? ¿Qué has detectado?

a. Pensamiento positivo.

b. La regla de las 24 horas.

c. Tómate unas vacaciones de las pantallas.

Si has contestado la C, entonces has CLAVADO la respuesta. En este caso, no optó por alejarse de su teléfono durante veinticuatro horas, así que la B no es correcta, y no empleó el pensamiento positivo, así que la A tampoco está bien.

Dilema #3

Kiki y su amiga Daria se envían mensajes continuamente. Ayer por la noche, Kiki estaba enfadada con otra amiga, Willow, así que la estuvo poniendo verde ante Daria por mensaje. Se dejó llevar por la inercia y ahora apenas recuerda lo que escribió. Kiki no tenía intención de que su arrebato llegara a nadie que no fuera Daria, pero su amiga pensó que era divertidísimo y se lo reenvió a un par de personas, que a su vez se lo reenviaron a un par de personas, y ahora todo el mundo lo ha visto. Kiki no tenía intención de que esto ocurriera. Si no estuviera circulando por ahí, tal vez pudiera arreglarlo. Pero no puede hacer nada al respecto. Tal vez lo mejor sea que se quede encerrada en casa una semana. O un año.

Solución #3

Kiki cree que todo está **grabado en piedra.** Que no hay solución posible. En una cosa tiene razón: es casi IMPOSIBLE garantizar la privacidad. Cualquier cosa que escribas en una pantalla puede compartirse con el mundo entero. Pero siempre hay maneras de solucionar un embrollo. En primer lugar, recurrió a su madre, que la ayudó a alejarse y examinar el problema como si lo observara desde la distancia. Desde esa perspectiva, se dio cuenta de que lo mejor siempre es hablar en persona. Hizo acopio de valor y fue a ver a Willow, que se portó genial a la hora de hablar de ello. Se dijeron cosas bastante duras, pero terminaron sintiéndose mucho mejor.

Ronda final. ¿Qué herramientas has visto usar a Kiki?

a. Monta en globo.

b. Cara a cara.

c. La regla de las 24 horas.

¿Y bien? Sí, acertaste. La **A** y la **B.** Se ha valido de muchas herramientas en este caso, ¡y ha dado con una forma de recomponerse!

DATO CURIOSO: LA COARTADA DEL CHOCOLATE

No te fustigues si has sufrido esta clase de fiascos telefónicos. La mayor parte de las chicas (y también de las mujeres) considera que es deseable tener algún tipo de reputación en las redes sociales. Resulta que es parte del cableado de nuestro cerebro. Los investigadores han descubierto que cuando comemos chocolate o nos toca la lotería se activa la misma parte del cerebro (el núcleo estriado o centro del placer) que cuando recibimos «Me gusta» y visitas en línea.

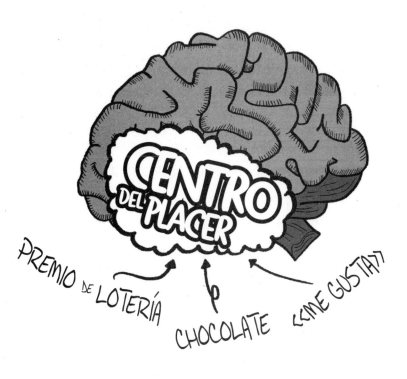

PRIMER PLANO DE LA SEGURIDAD

A Robyn le encanta mantenerse en contacto por internet con sus amigas del campamento, de su equipo y del instituto. Es divertido poder hablar con tanta gente al mismo tiempo. A pesar de que intenta mantenerse alejada de los problemas, están por todas partes. Tras cada comentario cruel, despectivo o dañino, hay alguien que dice <<Solo era una broma>> o <<¿Es que no aguantas ni una pulla?>>, lo cual no hace sino dificultar aún más saber qué está pasando. ¿Es acoso o cachondeo? Ella se lo ha dicho una y otra vez a la gente cuando cree que es grosera o desagradable. En muchas ocasiones se convierte en la mala, como si reaccionara de forma exagerada o fuera la enemiga de la diversión.

Hace poco, un idiota del instituto dibujó una esvástica en una foto de otro chico y la publicó en internet. La familia de Robyn es judía, y ver la imagen les afectó mucho. No tenía nada de graciosa, ni lo más mínimo. Respondió: <<Eh, tío, bórrala.

Es ofensiva». Robyn sabe que los insultos racistas, religiosos o sexistas son SIEMPRE inapropiados, con independencia de si la gente piensa que está bromeando o no. Cuando el capullo se negó a borrar la foto, Robyn quiso hacer algo más. Habló con sus padres y la ayudaron a rellenar una queja oficial en la página web. Después cambió su configuración de privacidad y bloqueó, dejó de seguir y eliminó como amigos a aquel chaval y a todos los demás que la habían hecho sentir mal. Al cabo de unos días, quitaron la foto. ¡Sí!

ciberacoso

Aquí tenéis una triste verdad: el 95 % de los adolescentes ha sido testigo de ciberacoso. Por desgracia, el 66 % se ha sumado a él. Nueve de cada diez jóvenes lo ven, pero hacen caso omiso. ¿Cuáles son las soluciones?

• No responder a comentarios negativos a veces logra que la acosadora abandone.

• Si crees que la situación está empeorando, dile a la acosadora que pare. Déjale claro que la has CALADO. Un simple «Eso es acoso» puede valer.

• Presta atención y sigue la pista. No borres un comentario o foto desagradable de internet. De hecho, haz capturas de pantalla. Puede que las necesites.

• Si la cosa se pone fea o amenazante, busca un adulto (padre, profesor, entrenador o consejero) que te ayude a averiguar qué hacer.

QUÉ HACER: USOS DE LAS PANTALLAS QUE DISPARAN LA SEGURIDAD

Hay muchísimas formas de utilizar las redes sociales para hacer el bien, entre ellas compartir tu vida con tus amigos, colaborar en proyectos para el instituto, hacer música, llegar a entender los puntos de vista de otros y conectar con personas que tienen las mismas pasiones que tú. ¡Centrémonos en lo positivo!

Aquí tienes unas cuantas formas maravillosas de utilizar el poder de las comunidades cibernéticas para convertir el mundo en un lugar mejor para ti y para la gente que te rodea.

- ♦ Busca a gente inspiradora a quien seguir y observa a quien te anime a hacer cosas maravillosas.
- ♦ Conecta con personas como tú, personas positivas que te ayuden a ser la mejor versión de ti misma.
- ♦ Utilízalo para cambiar tu mundo, mucho o poco, para ser una de las chicas de acción.

Encontramos unas cuantas **chicas de acción** que han usado las redes sociales de maneras asombrosas.

◇ Una chica de los primeros cursos de instituto creó una campaña de Tumblr para recaudar fondos para combatir el tipo de cáncer que padecía su padre.

◇ Una chica de once años fundó un club de lectura cibernético para disfrutar de libros de autores afroamericanos.

◇ Una alumna transgénero lanzó una campaña cibernética para promover la igualdad de derechos de los jóvenes LGBTQ.

◇ Un grupo de alumnos de los primeros cursos de instituto creó un grupo de chat para otros chavales de su ciudad que se consideraban en riesgo de autolesionarse.

◇ Una adolescente dirigía un canal de noticias para recopilar y compartir historias.

◇ Una chica de doce años grabó un vídeo de YouTube para instruir a la gente sobre el autismo, porque su hermano suele ser víctima de los acosadores.

◇ Una chica de diez años creó su propio blog de moda a la última con prendas que diseñaban sus amigas y ella.

Algunas de las chicas con las que hablamos compartieron con nosotras lo que más les gusta de internet.

> *Los jóvenes pueden apoyarse unos a otros cuando están deprimidos o son víctimas de acoso.*

> *Ayuda a tener muchos grupos de amigos distintos, y así siempre tienes alguien a quien recurrir.*

> *¡Se encuentra todo tipo de héroes o guías!*

> *Aunque pienses que eres la única, siempre puedes encontrar gente en algún lugar que sea como tú.*

GURÚ FEMENINA

Como embajadora de Girl Power Meetups, Olivia Trice, de diecisiete años, es una especie de genio de las redes sociales. Dice que una de las lecciones que ha aprendido es que debe usar las redes sociales de manera prudente y consciente. «Cuando entras en la app debes saber lo que quieres de ella, ya sea Facebook, Instagram o cualquier otra. Determina tu motivo para usarla: qué pretendes lograr. ¿Estás intentando hacer nuevos amigos? ¿Quieres aumentar la conciencia sobre algún tema? ¿Estás intentado conectar con personas para AYUDARLAS? Todas las app son muy distintas, así que te conviene asegurarte de que las utilizas de forma correcta».

Y también dice que es importante recordar que «no todo lo que ves es lo que parece. No va a mejorar tu vida. Deberías utilizarlo para motivarte, para expresarte, pero no para convertirte en alguien falsamente perfecto. Las redes sociales animan a las personas a ser cualquier cosa menos ellas mismas: pueden empujarte a ser una versión falsa y anodina de ti misma». Olivia, que es afroamericana, señala que las redes sociales pueden conllevar una carga de presión extra para las chicas como ella. «Las chicas de color tienen que aprender a amar sus diferencias, las cosas que las hacen distintas de todos los demás. Todos debemos aprenderlo. El objetivo de todo el mundo es: sé tú mismo».

He aquí las diez mejores estrategias de las chicas para contribuir a que nos orientemos en el mundo cibernético:

Si estoy enfadada, me obligo a esperar antes de enviar nada. Escondo el móvil, literalmente. Pico algo, me meto en la ducha, hago todo lo que puedo para frenar mi cabeza desbocada.

No publico muchas fotos de mis vacaciones. Solo una o dos. A nadie le gusta cuando parece que estás presumiendo.

Utiliza las mayúsculas ¡CON CUIDADO! Pueden resultar DIVERTIDAS o ¡DEMASIADO!

Ni te molestes en mentir a una amiga cuando quedas con otra persona, porque es demasiado fácil que te pille. Se publica una foto y ya se ha liado. Solo tienes que confiar en decir la verdad.

No hay forma de controlar lo que la gente publica sobre ti, así que intenta controlar lo que tú publicas sobre ti misma y pídeles a tus amigas que hagan lo mismo.

Olvídate de la cantidad, ¡piensa solo en la calidad! Conserva tu círculo de amigas de verdad, esas en las que puedes confiar. Con ellas puedes ser tú misma.

Ahora, en el instituto, mis amigas y yo tenemos fiestas en las que dejamos el móvil en la entrada. La verdad es que nos lo pasamos genial, es aún más divertido que antes.

Repito las cosas en voz alta cuatro veces antes de pulsar «Enviar». Me ayuda a darme cuenta de cómo suena lo que digo.

Cuantas más palabras utilices, mejor. «Prdn» puede parecer poco sincero o arrogante. Di algo parecido a «Ojalá pudiera ir a verte, pero tengo que sacar a pasear a mis perros. ¿Qué te parece mañana?».

Piénsalo antes de pulsar «Enviar» cuando se trata de una foto. ¿Te molestaría que la viera tu abuela? ¿Y tu peor enemiga? Si la respuesta es sí, ¡bórrala! ¡Nunca se sabe quién podría reenviar qué!

Y, por encima de todo, como dice Samera, «¡Disfruta de la vida sin un móvil en la mano!».

EL TEST DE LA ABUELA

¡Cielo santo, cariño! ¿De verdad vas a enviar eso?

Eh... quizá no. En realidad no quiero que circule por ahí.

CHICAS DE ACCIÓN

Hace unos cuantos años, Samera Paz empezó a fijarse en una cosa. «Me encantaba conocer a otras chicas en internet o en fiestas y eventos, pero lo cierto es que siempre resultaba muy difícil hacer amigas en ese periodo tan corto. Quería un espacio para compartir, un lugar sin juicios donde pudiéramos llegar a conocernos de verdad». Así que inició un movimiento llamado Girl Power Meetups («encuentros de poder femenino») para crear un espacio donde las chicas de su edad y más jóvenes se reunieran poniendo sus propias condiciones para construir amistades, afrontar el cambio social y aprender a mirar el mundo que las rodea con una mirada nítida y entusiasta (¡como estás haciendo tú con lo de detectar y fijarte!). Como chica de color, también se sentía, según sus propias palabras, «sola, joven e insignificante».

Decidió presentar Girl Power Meetups en Instagram, un lugar ideal para llegar a las chicas, mantener su interés mediante publicaciones y fotos accesibles y citas inspiradoras, expandir esa comunidad y alentar las nuevas amistades. ¿Dónde alcanzar mejor a las chicas de una forma positiva y sana que en un lugar donde ya se reúnen? Pero la clave de GPM son los encuentros mensuales en persona, con temas como la autoestima, la imagen corporal y la salud mental. En ellos se alientan las conversaciones sinceras y vulnerables en un espacio compartido y libre de juicios: un espacio seguro para las chicas de color y de todo tipo. «La vida, los estudios, las relaciones y el futuro ya son bastante duros —explica—. Quería un espacio donde las personas pudieran escuchar y apoyarse sin más». Los miembros de GPM también realizan actividades de activismo social, entre ellas proyectos con refugios de mujeres y de personas sin hogar y protestas contra la brutalidad policial.

Samera lleva a cabo esta labor de forma altruista, con ayuda de embajadoras como Olivia Trice. Paga todos los encuentros de Girl Power Meetups de su propio bolsillo, porque cree en el trabajo comunitario y quiere empoderar a chicas que terminarán por convertirse en mujeres poderosas.

DESCIFREMOS LOS ELEMENTOS
DE LA CLAVE

Estos tres capítulos se resumen en otro elemento de la clave de la seguridad que es fundamental:

¡Piensa menos!

1. ¡Arriesga más!!
2. ¡Piensa menos!
3. _____

Mientras que «arriesga más» es un rápido recordatorio de que te pongas en marcha, «piensa menos» es una manera breve de empujarte a salir de tu propia mente y a obsesionarte menos. Puede que suene un poco raro (lo más probable es que sea lo contrario de lo que crees que tus padres y profesores quieren que hagas). Pero darles menos vueltas a las cosas te ayudará a apañártelas con seguridad con tus amigos, las redes sociales y casi cualquier otra cosa que se presente en tu vida.

TERCERA PARTE

EL
YO
SEGURO

IMANI ENCUENTRA SU PODER, 1.ª PARTE

CONTINUARÁ . . .

CAPÍTULO 8
LIBRARTE DEL VICIO DEL PERFECCIONISMO

PISOTEA LA PALABRA QUE EMPIEZA POR PE

¿Te suenan las dificultades de Imani en «Imani encuentra su poder»? Hay demasiadas cosas que hay que hacer «a la perfección» en la vida.

Sacar buenas notas en el instituto. ✔

Tener la habitación limpia. ✔

Ser buena en deportes. ✔

Ser fantástica en las extraescolares. ✔

Complacer a los padres. ✔

Tener buena imagen en las redes sociales. ✔

Tener muchos amigos en las redes sociales. ✔

Que te inviten a todas las fiestas. ✔

Ahorrar trabajando de canguro, paseando
mascotas, etc. ✔

_____ (Añade aquí tus objetivos).

La lista es interminable.

Y estamos del todo convencidas de que, una vez que superemos nuestra lista, todo será **PERFECTO**.

Y la vida estará llena de:

Cielos azules, arcoíris y unicornios.

O de

Pizza, patatas excursiones a la playa y alfombras mullidas.

O de

Trofeos, televisiones de pantalla grande y música alucinante.

O de _____

(Añade tu idea del paraíso perfecto).

Y entonces por fin podremos relajarnos, ¿verdad? ¿¿¿VERDAD???

Pues no.

Es totalmente imposible ser perfecta o hacerlo todo a la perfección. Los humanos no somos perfectos, no tiene vuelta de hoja; no nos han hecho así.

Si tu objetivo es la perfección, NUNCA LO ALCANZARÁS.

Como cuando los gatos intentan cazar una sombra, siempre perseguirás algo que no puedes atrapar.

PERFECCIONISMO

Olvida la definición del diccionario; aquí va la nuestra:

Una enfermedad muy peligrosa. Una planta trepadora invasiva y estranguladora que se cuela en tu vida y ahoga todo lo que encuentra a su paso. Te estresa y te impide correr riesgos. Y lo más importante de todo: te impide ser tú misma.

DIAGNOSTICAR EL PERFECCIONISMO

La primera arma contra el perfeccionismo es simplemente detectarlo.

 CUESTIONARIO

Fíjate en estas chicas a ver si eres capaz de reconocer a cuál de ellas le ha picado el bicho del perfeccionismo.

> a. *Tara gana el premio a Mejor Estudiante del Año en segundo de la ESO. Alucinante, ¿verdad? Pues para Tara no. En lo único que es capaz de pensar es en que su hermano mayor ganó ese mismo premio en todos los cursos de la ESO.*
>
> b. *A Rashida se le da muy bien la repostería. Hace pasteles y tartas muy elaborados para las celebraciones familiares. Aun así, se obsesiona con los pequeños errores que comete. Cuando su tío le pide que diseñe su tarta de bodas, tiene miedo de meter la pata.*

c. *Andrea quiere hacer más ejercicio, así que elabora un ambicioso horario para salir a correr todas las mañanas antes del instituto e ir a nadar a la piscina municipal todas las tardes. Lo cumple a la perfección durante una semana, pero después la vida se interpone. Una mañana se despierta demasiado tarde y no sale a correr. Al día siguiente tiene cita en el ortodontista después de clase,*

Las chicas y el perfeccionismo

Desde muy pequeña, las fortalezas de tu cerebro de chica te dan ventajas.

Prestas más atención, haces lo que te piden, te esfuerzas...

↓

A los adultos les gusta y lo recompensan.

↓

Te gusta que te recompensen (¿a quién no?), así que te esfuerzas aún más en todo.

↓

Así nacen las perfeccionistas y las complacedoras de personas.

¿Y qué pasa con los chicos?

Meten mucho la pata porque no pueden evitarlo.

Pero...　↓

Aprenden que el fracaso y el riesgo son buenos.

↓

Y ganan seguridad.

Fin (hasta que cambiemos la historia).

así que no puede ir a la piscina. Andrea se da
cuenta de que ha sido poco realista y de que
tiene que trazar un plan más asequible.

d. *Maura ha tenido varias semanas para trabajar*
en su diorama de sociales, pero no ha hecho más
que posponerlo. Tiene que ser perfecto. La noche
anterior a la fecha de entrega se pone en marcha,
construye, pega, imprime títulos. Derrama
pegamento encima de todo el proyecto, pero se
las ingenia para eliminar la mayor parte. Al final
está agotada y ha cometido varios errores tontos,
¡pero tiene que entregarlo!

Respuestas: vayamos por partes

Si has elegido la **A**, la **B** y la **D**, lo has clavado. Todas son distintas caras del perfeccionismo. En la **A**, no ser capaz de celebrar los logros es un clásico del perfeccionismo. En la **B**, el perfeccionismo impide que Rashida corra un riesgo, a pesar de que quiere hacerlo. Y en la **D**, Maura nos muestra otro aspecto del comportamiento perfeccionista: la procrastinación. Maura se autosabotea esperando el momento perfecto, que nunca llega. En la **C**, sin embargo, Andrea muestra flexibilidad. Comienza con un objetivo perfeccionista, rígido, pero es capaz de modificarlo hacia algo más razonable.

CUESTIONARIO

¿Eres adicta a la búsqueda de la perfección? Anota un sí o un no para cada uno de los siguientes escenarios y luego les echamos un vistazo juntas.

- ★ Acabas de limpiar tu habitación, pero ese cojín nuevo no encaja y eres incapaz de hacer nada más. Cuando las cosas no están «bien», te fastidia «de verdad».
- ★ Sacas una nota alta (¡un 9,2!) en tu examen de ciencias. Tras un instante de euforia, miras a tu alrededor y ves que Lena ha sacado un 9,8. De repente, te sientes una fracasada.
- ★ Miras tus «Me gusta» de Instagram. ¡Más de veinte! Pero otras personas tienen muchos más. Será preferible que pienses en mejorar todo lo que puedas.

✮ Consigues un papel en el musical del instituto, además de un solo. Pero no eres capaz de sentirte bien por ello, porque otras personas tienen papeles más importantes.

✮ Te apetece probar muchas cosas nuevas, pero te da miedo correr el riesgo, salvo que seas capaz de hacerlas bien.

✮ Tu mente reproduce constantemente un mensaje que te recuerda los pequeños errores que has cometido: las estupideces que has dicho, lo que desearías haber hecho...

✮ Cuando las cosas te salen bien, te sientes como una impostora, como si hubieras engañado a todo el mundo.

✮ Si no te sientas en el lugar perfecto a la hora de comer, con las personas perfectas, tu día se va al traste.

✮ Quieres hablar con un alumno nuevo, pero te consideras aburrida. Lo evitarás hasta que se te ocurran cosas divertidas.

✮ Te comparas con otras chicas veinticuatro horas al día siete días a la semana, y terminas sintiéndote fatal.

Échale un vistazo a tu cuaderno. ¿Cuántas veces has contestado que sí?

Respuestas: vayamos por partes

1-4: ¡No está mal! Te gusta hacer bien algunas cosas, pero no estás contagiada de la enfermedad del perfeccionismo. Date unas palmaditas en la espalda.

5-7: Aquí hay indicios de «Debo ser perfecta». Desde luego, quieres que se te den bien las cosas, pero ten mucho cuidado con el abismo de tener que ser buena en todo. Trabaja el equilibrio.

8-10: ¡PELIGRO! ¡Alerta de perfeccionismo! Es hora de coger cinco de esas respuestas afirmativas y tirarlas a la basura. Ser bastante buena pero no perfecta no te hará ningún mal, ni acabará contigo. De hecho, te hará más fuerte.

¿POR QUÉ TANTO REVUELO?

Muchas de las chicas con las que hablamos no comprendían por qué el perfeccionismo es un problema tan importante.

Aquí tienes unas cuantas ideas erróneas muy comunes respecto al perfeccionismo.

> *Pero ¿el perfeccionismo no se considera bueno? Es decir, ¿no es esa la manera de conseguir las cosas?*

> *¿No quiere decir simplemente que soy ambiciosa?*

> *Ser perfecta es una buena manera de hacer feliz a la gente, ¿no?*

> *Tratar de ser perfecta significa que trabajo con empeño y que me esfuerzo, ¿verdad?*

NINGUNA DE ESTAS COSAS ES CIERTA.

El perfeccionismo no es la clave del éxito ni de ninguna otra cosa en la vida. Podría decirse que el perfeccionismo son todos esos patrones de pensamiento distorsionado fundidos en uno.

Piénsalo bien:

♦ Es un estándar completamente imposible.

♦ Intentar ser perfecta es agotador y nada divertido.

♦ Estás trabajando para complacer a la gente.

♦ Y lo más importante de todo, si eres perfeccionista **no puedes generar seguridad.**

Estos son los motivos:

Cuando tu objetivo es hacerlo todo a la perfección, no quieres fracasar de ninguna

ninguna

ninguna

ninguna ninguna ninguna ninguna ninguna

ninguna ninguna ninguna ninguna ninguna

ninguna ninguna ninguna ninguna

de las maneras.

La idea del fracaso

te aterra.

Si no estás dispuesta a fracasar, como ya hemos visto, no correrás riesgos ni entrarás en acción. Así que no generarás seguridad. Vuelve a leer la primera parte de «Imani encuentra su poder». Intentar ser la mejor está abrumando a Imani, la está paralizando por completo.

GURÚ FEMENINA

Lori Lindsey ha hecho cosas alucinantes a lo largo de su vida. Es jugadora de fútbol femenino profesional y formó parte de la selección nacional estadounidense y del equipo Olímpico en 2012, además de haber participado en la Copa del Mundo. Quiere que sepas que ser perfeccionista no le dio más que problemas. «Ojalá de joven hubiera tenido más estrategias para relajarme. Lo analizaba y pensaba todo en exceso, estaba obcecada con la perfección, y eso me impedía jugar con alegría y fluidez. Cuando pude librarme del perfeccionismo, fui capaz de permitir que los partidos me llenaran. Hagas lo que hagas, pregúntate por qué. Y qué estás intentando obtener. Entonces se produce la magia».

CURAS DEL PERFECCIONISMO

HAZLO POR UN FIN, NO POR PERFECCIONISMO O APROBACIÓN. Formúlate preguntas como: «¿Por quién estoy haciendo esto?» o «¿Por qué estoy haciendo esto?». Las chicas y las mujeres tienden a sufrir la enfermedad de la complacencia: intentamos contentar a todo el mundo menos a nosotras. Si piensas demasiado en lo que quieren los demás o te repites que «deberías» hacer cosas, ahí tienes una señal de alarma. Reflexiona sobre tus objetivos y asegúrate de que procedan de tu interior.

CAMBIA LA LÍNEA DE META. ¿Cuál es el objetivo? Si se trata SOLO de ser perfecta o logar la perfección, modifícalo. Si estás trabajando en pos de una meta, vuelve a planteártela. ¿Es realista? ¿Lo deseas de verdad? Si no es así, trata de establecer objetivos asequibles.

ACEPTABLE. Es suficiente. Haz lo mejor que puedas con lo que tienes y date permiso para NO hacer el trabajo más perfecto, más logrado y más alucinante de todos los tiempos. El tiempo es oro. Haz lo que puedas y sigue adelante. Que algo esté bien es «absolutamente» aceptable, y con los años descubrirás que por lo general es un mejor enfoque. ¿Quieres pruebas ahora mismo? Aquí tienes unos cuantos datos magníficos. Las mujeres adultas no suelen solicitar un trabajo o un ascenso salvo que piensen que están muy bien preparadas y cuenten con todas las capacidades requeridas. Los hombres lo solicitan aunque solo posean el 60 % de las capacidades. ¿A que no lo adivinas? Hombres cuya cualificación es menor se quedan con los puestos porque deciden que son aceptables y se lanzan a por ello. ASÍ QUE aquí tienes un verdadero reto: elige una tarea, asígnate un límite de tiempo, hazla lo mejor que puedas EN ESE TIEMPO y considérala «aceptable».

HABLA CON TUS PADRES. En muchas ocasiones los adultos empeoran aún más las cosas, pues presionan con las notas, las actividades y el aspecto. Incluso a ellos les cuesta controlar el perfeccionismo. Sé sincera con ellos. Si tienen expectativas poco realistas y te están estresando, deberían saberlo.

REHAZ TU LISTA DE VERIFICACIÓN. ¿Te acuerdas de la lista con la que comenzaba el capítulo? Repiénsala, no tiene por qué vincularte a la idea de perfección. Haz una lista con las cosas más guais que haces o quieres hacer. Alégrate por todas las cosas que has intentado, aunque no te salieran bien. Si el perfeccionismo cierra todas las puertas y ventanas que llevan a la incertidumbre, a la posibilidad de vivir aventuras o incluso al fracaso... ¡ábrelas a empujones!

ACEPTABLE VS. PERFECTO

Esa flor de glasé aún está un poco torcida.

CONCÉNTRATE EN EL AHORA. El perfeccionismo tiene que ver con vivir en el pasado o en el futuro. ¿Te has fijado en que pasas mucho tiempo pensando en lo que salió mal o en lo que te falta por hacer? Centra tus pensamientos en el hoy, en el instante. Ahí es donde encontrarás la seguridad y la alegría.

LENGUAJE QUE DESTROZA EL PERFECCIONISMO

La próxima vez que un pensamiento perfeccionista te ronde por la cabeza o que te sorprendas pronunciando una frase perfeccionista, intenta modificarlos.

Cada vez que pienses «**Debería**», pregúntate siempre «**¿Por qué?**».

Cuando pienses «**Tiene que ser perfecto**», sustitúyelo por «**¡Así ya está bien!**»,

Si piensas «**Eso no se me da muy bien**», reemplázalo por «**¡Voy a intentarlo!**».

Si dices «**Tengo que ganar**» o «**Tengo que ser la primera**», cambia tus palabras por «**Quiero disfrutar del viaje y divertirme por el camino**».

PRIMER PLANO DE LA SEGURIDAD

Faith tiene once años y se pone nerviosa con los deberes. Los pospone una y otra vez, pero así solo consigue empeorar la situación. Para sus adentros, piensa que si espera encontrará un momento perfecto para hacerlos, cuando no tenga hambre, no esté de mal humor o harta de oír gritar a su hermano pequeño. ENTONCES hará el mejor trabajo posible... siempre y cuando sea más tarde. Tiene pendiente un proyecto de ciencias que se expondrá en una feria de su colegio: hacer un reloj que tenga una patata por pila. Le da muchísimo miedo que los demás piensen que su proyecto es patético. Sus pósteres explicativos serán más increíbles que el suyo, sus proyectos tendrán mejor aspecto. No quiere quedar en ridículo, así que no para de dejarlo para más adelante.

Al final, a Faith se le echa encima la fecha de entrega. Sabe que tiene que comenzar, así que se calma repitiendo: <<No es tan importante>>. Lo habla con su madre y se da cuenta de que en realidad le hace ilusión averiguar si es capaz de hacer que la patata funcione a modo de pila, así que ¿a quién le importa el proyecto terminado? No tiene que ser el mejor de entre los mejores, solo tiene que ser aceptable. El resultado no fue perfecto, pero Faith se sintió bien.

ESPEJITO, ESPEJITO

El perfeccionismo puede alcanzar su grado más peligroso, su nivel de toxicidad más alto, cuando lo aplicamos a nuestra idea de qué aspecto deberíamos tener. Si te preocupa tu apariencia, hay una razón. Adondequiera que mires, ves a personas guapísimas con cuerpo, melena, dientes y ropa perfectos. Estar estupenda puede parecer un punto más que añadir a tu lista. Puede resultarte casi imposible combatir la presión. Y en el caso de las chicas de color, puede daros la impresión de que tenéis que representar a toda vuestra raza. Si no eres perfecta, eso perjudicará a quien tenga un aspecto similar al tuyo.

La presión que se ejerce sobre las chicas es ingente. Si la estás experimentando, tenemos unas cuantas armas que pueden resultarte útiles.

ARMA 1: ¡QUE SEPAS QUE NO ESTÁS SOLA!

✦ Al 92 % de las chicas adolescentes les gustaría cambiar algo de su apariencia.

✦ Nueve de cada diez chicas creen que las industrias de la moda y de los medios de comunicación las presionan para estar delgadas.

✦ El 53 % de las chicas estadounidenses están insatisfechas con su cuerpo al cumplir los trece años. A los diecisiete, el porcentaje asciende al 78 %.

✦ Ocho de cada diez chicas abandonan los deportes y otras actividades. si no se sienten bien con su apariencia.

✦ Siete de cada diez chicas no quieren reafirmarse o defender sus opiniones si no están satisfechas con su aspecto.

ARMA 2: ¡ECHA UN VISTAZO!

Ha llegado el momento de que vuelvas a convertirte en crítica cultural. Los medios de comunicación y nuestra cultura son el motivo por el que tantas chicas y mujeres se preocupan por su apariencia. Además de que no estás sola, no tienes la culpa. La mayor parte de las imágenes glamurosas que ves no representan chicas y mujeres reales. Pueden hacernos sentir mal con nosotras mismas porque son FALSAS y están por todas partes. Las famosas, las modelos y hasta las personas normales que publican fotografías en internet dedican tiempo, esfuerzo y dinero a mostrar los mejores ángulos posibles. Y después las retocan con Photoshop para esconder hasta la última de las imperfecciones.

Las chicas como tú están empezando a darse cuenta, y eso ayuda a que se produzca el cambio:

★ Siete de cada diez chicas piensan que los medios ejercen mucha presión sobre ellas para que consigan un estándar de belleza determinado.

Y muchas chicas y mujeres están empezando a exigir un cambio. Échale un vistazo a la campaña de internet 𝕊𝕥𝕠𝕡 𝕥𝕙𝕖 ℙ𝕙𝕠𝕥𝕠𝕤𝕙𝕠𝕡 («basta de Photoshop»).

TE TOCA

Combate esas imágenes revisando tus referentes. Piensa en ellos desde el punto de vista del aspecto:

◊ ¿Crees que están retocados y posando?

- ◊ ¿Te parece que son personas activas y poderosas?
- ◊ Busca a personas que estén dispuestas a ser ellas mismas, que estén HACIENDO algo (jugar, correr, fabricar, escribir, crear, tratando de cambiar las cosas).
- ◊ Busca a gente que encaje con cómo te estás sintiendo, con la forma en que quieres vivir.
- ◊ Busca a personas fuertes que tengan un aspecto natural: sin maquillaje, sin el pelo alisado, con ropa que les permita hacer cosas, no solo posar.
- ◊ No limites tus referentes a gente famosa, observa a las personas que ves cada día.

ARMA 3: ¡TRÁTATE COMO TRATAS A LOS DEMÁS!

El 82 % de las chicas cree que toda mujer tiene algo que es bello. Así que aprende a verte como sin duda te ven los demás. **NO LO OLVIDES**: como NO existe una apariencia perfecta, todas las combinaciones y variantes son poderosas. Todas.

ARMA 4: NO TE LIMITES A SER. ¡HAZ!

Obsesionarte con tu aspecto o prestar demasiada atención a tu apariencia es estático, no activo. Y es una pérdida de tiempo, lisa y llanamente. Piénsalo durante un instante. No aporta nada al mundo ni a tus logros o desafíos. Te impide lanzarte a hacer las cosas que te apetece hacer y desvía tu atención de todo lo que está sucediendo en tu vida. Lo cual significa, has acertado, que no estás generando seguridad. Quién eres y qué haces es mucho más importante que tu apariencia.

Recuérdalo siempre: las chicas seguras valoran la acción por encima del aspecto.

CHICAS DE ACCIÓN

Cuando Gloria Lucas tenía diez años no estaba satisfecha ni consigo misma ni con su cuerpo. Sus padres se mudaron a California desde México, y Gloria tenía la sensación, como muchas chicas de color, de que no encajaba en el ideal «americano». «Una vez mi madre volvió a casa con la Barbie marrón. Le dije que la devolviera, porque yo quería la blanca». Gloria empezó a padecer desórdenes alimenticios y le costó encontrar ayuda. «Nunca veía a nadie que se pareciera a mí o que tuviera mi acento hablando de desórdenes alimenticios. En nuestra comunidad no se hablaba de esas cosas».

Al final consiguió recuperarse de su enfermedad por sí misma, tras años de sufrimiento. Cuando acabó el instituto, tuvo una revelación repentina: ella quería ser esa voz, esa salvación que nunca había encontrado. Así que fundó una organización para ayudar a las jóvenes de color a estar más informadas de lo que es una imagen corporal saludable y para ofrecerles referentes, enseñarles resiliencia y crear una comunidad. Como ella dice: «Quiero ayudar a las chicas a descubrir que cuando consigues conectar con tu cultura, con tus raíces, te empoderas. Es algo que sana. Lo fue para mí y puede serlo para otras».

Gloria convirtió su dolorosa lucha personal en combustible para cambiar las cosas. Cree que «el trabajo no se centra en mí. Es algo que estaba destinada a hacer. Es más grande que yo». Y, según sus propias palabras, «el ADN predetermina nuestro aspecto. No podemos cambiarlo del todo. Esa vasija, tu cuerpo, es un regalo, sean cuales sean su color y su talla. Debemos honrarlo. Nos pertenecemos».

CAPÍTULO 9

SER FIEL A TI MISMA

Ser total y completamente tú al cien por cien es una parte importante de la seguridad. Pero, a todo esto, ¿quién eres tú? A veces la respuesta puede resultar obvia; en otras ocasiones puede ser más compleja.

CALENTAMIENTO PARA LA SEGURIDAD

¿De verdad te gusta el deporte... o solo lo practicas porque tus amigas lo hacen, o porque tus padres quieren que juegues, o porque es algo que has hecho siempre? ¿En serio te apasiona formar parte del club de programación o solo pretendes complacer a tu profesor de matemáticas favorito?

Pierdes la noción del tiempo cuando escribes poesía, pero apenas lo haces porque, bueno, ¿para qué sirve, a fin de cuentas?

¿Quieres complacer a otras personas o tachar tareas de una lista en lugar de hacer lo que deseas?

Si no estás del todo segura en lo más profundo de tu ser de por qué eliges hacer o no hacer ciertas cosas, no te extrañes.

Estos años pueden resultar confusos. Pero no te preocupes. Suelen rebosar de estados de ánimo dramáticos, frustración con los padres y una exploración intensa. Es justo la edad en que empiezas a desenmarañarlo todo, a experimentar con quién eres y a aprender a sintonizarte contigo misma.

Cuando te escuchas a ti misma por encima de todos los demás, oyes tu seguridad, tu voz interior, a tu yo seguro.

PRIMER PLANO DE LA SEGURIDAD

Selene va a un instituto nuevo y está ansiosa por conocer a las personas adecuadas y hacerse popular. Sus padres son de India, así que su aspecto es distinto, y eso hace que encajar resulte más complicado. Elige al grupo de chicas que tienen más seguidores y más amigos en internet. Recibir tanta atención cibernética las convierte en jóvenes poderosas.

Cuando la gente hable de Selene, empezará a asociarla con esa pandilla tan guay y eso cimentará su reputación. El único problema es que esas chicas le resultan aburridas. No hacen gran cosa, aparte de mirar el móvil durante horas y sacarse selfis. Pero ¿quién es ella para enfrentarse a tanta popularidad?

Selene creía que había dado con un atajo para hacer amigos. Sin embargo, tomó el camino más equivocado posible: el que la alejaba de ser ella misma. Empieza a apuntarse a hurtadillas a las cosas que le interesan de verdad, porque sus amigas populares la miran con cara de agobio cuando habla de sus pasiones. La gente del club de matemáticas es bastante graciosa. Y el club de teatro es genial.

Selene es mucho más feliz pasando el rato con esos otros alumnos a los que les gustan las mismas cosas que a ella, que se preocupan por los mismos asuntos que ella, así que se le empieza a olvidar quedar con la pandilla popular. Un día a la hora de comer se sienta con otros miembros del club de teatro. Después de eso, las chicas populares dejan de hablarle, de incluirla en sus mensajes y de llamarla para quedar. Selene ha empezado a acceder a su yo seguro.

Selene se las ingenió para encontrar su camino, pero no siempre es tan sencillo. Todo el mundo tiene expectativas respecto a ti, están por todas partes: tus padres, tus profesores y tus amigos, por un lado; las imágenes de la televisión, de las revistas, de las películas, de YouTube y de las redes sociales, por el otro. Y en el caso de cualquier persona que se sienta «diferente» —como suele ocurrirles a muchas adolescentes y preadolescentes en algún momento—, pueden existir capas de presión extra respecto a quién debería ser.

Es agotador intentar ser otra persona, actuar, hablar, vestirse, moverse, tener el mismo aspecto o el mismo comportamiento que otro. Nunca funciona muy bien y te deja sin una pizca de seguridad.

«Sé tú misma, todas las demás ya están cogidas».

Nadie sabe con seguridad quién fue la primera persona que pronunció esta sabia afirmación, pero nos encanta.

ENCONTRARTE

Cuando intentas formarte una imagen clara de quién eres, ayuda empezar con estas perspectivas fiables.

VALORES. Los valores son como tus referencias, tus creencias, las ideas que más te importan y te ayudan a decidir cómo debes actuar. A veces ni siquiera eres consciente de tus valores hasta que te concentras en ellos. Si descubres que, por ejemplo, la generosidad es algo a lo que le das mucha importancia, puede que entonces las cosas que siempre has hecho de forma natural empiecen a cobrar sentido: dedicarás aún más tempo a ayudar a tus amigos de buena gana, a compartir, etc.

Hay tantos valores diferentes que no podemos incluirlos todos aquí, pero échale un vistazo a esta breve lista para ver si hay algo que te motiva. ¿Te suenan de algo?

Sinceridad

Compasión

Gratitud

Familia

Determinación

Conocimiento

Amor

Valentía

Creatividad

Optimismo

VERDADERAS FORTALEZAS. Otra forma de determinar quién eres es pensar en tus verdaderas fortalezas. Una capacidad es una fortaleza verdadera cuando cumple tres requisitos.

◊ Se te da bastante bien o tienes algún tipo de habilidad.

◊ Te apasiona.

◊ Te produce alegría (cuando la estás practicando, sueles perder la noción del tiempo o te dejas «llevar por la corriente»).

Hay una lista interminable de posibles fortalezas verdaderas. Para descubrir las tuyas, piensa en ellas de formas diferentes: pueden ser cosas concretas que hayas aprendido a hacer bien, o habilidades más generales que te salgan de una forma más natural, como ser graciosa.

¡Pero no te olvides de la pasión y la alegría! (Lo de dejarse llevar por la corriente es superguay cuando lo experimentas. Es cuando pierdes la noción de todo lo demás porque tanto tu cerebro como tus intereses y tu pasión están en sincronía. Hay un científico que lo llama la «definición de la felicidad»).

He aquí un ejemplo de la vida real. Casey es una genio absoluta de las matemáticas, se le dan bien por naturaleza, pero no son su cosa favorita. No le va mucho lo de resolver problemas. Le apasionan mucho más las personas y sus historias, y se le da de maravilla escuchar, tanto que se pierde por completo en los relatos. Ser capaz de conectar con la gente y ser empática son, sin duda, dos de sus fortalezas.

Por supuesto, hay muchas, muchísimas, para mencionarlas todas, pero aquí presentamos una breve lista de fortalezas. Si quieres indagar más, al final del libro hemos incluido varios recursos excelentes.

Trabajar con números
Utilizar el humor
Hacer deporte
Ser rápida
Saber escuchar
Ser una gran lectora
Tener dotes artísticas
Conectar con los demás
Ser empática
Tener capacidad de liderazgo
Tener talento musical

TE TOCA

Para dar con tus fortalezas, piensa en:

¿Qué te hace sentir bien mientras lo haces?

¿Qué haces que te haga feliz?

¿Qué haces sin que nadie te lo recuerde?

¿En qué tipo de cosas del mundo te fijas?

¿Qué clase de cosas te hacen ilusión?

¿Qué hace que pierdas la noción del tiempo?

LA CONEXIÓN VALORES/FORTALEZAS. Cuando tus fortalezas y tus valores se solapan, es como recibir un impulso rapidísimo. La seguridad fluye de una manera mucho más natural. Fijémonos en Casey. Uno de sus valores es la familia, y está muy unida a sus abuelos, que antes vivían en la misma casa que ella. Ahora que están en una residencia, Casey disfruta mucho pasando tiempo allí. Sus verdaderas fortalezas de empatía y conexión, SUMADAS a su valor de la familia, se combinan para permitir que Casey sea su yo más auténtico.

CALENTAMIENTO PARA LA SEGURIDAD

Saca tu cuaderno de la seguridad y dibuja una línea vertical que divida la página en dos. Anota tus respuestas a las preguntas sobre **fortalezas** en un lado y elige cinco de tus **valores** más importantes para **anotarlos** en el otro. Ahora echa un vistazo. ¿Detectas algún patrón? ¿Ves conexiones?

Aquí tienes un ejemplo extraído del cuaderno de la seguridad de Billie.

PREGUNTAS SEGURIDAD

¿Qué te hace sentir bien mientras lo haces?

Tejer

¿Qué te da energía?

Pasar tiempo a solas para recargar las pilas

¿Qué te hace feliz?

Resolver crucigramas

¿Qué haces mucho por ti misma, sin que nadie te lo recuerde?

Leer sobre política y acontecimientos actuales para entender mejor lo que está ocurriendo

¿En qué tipo de cosas te fijas cuando prestas atención al mundo exterior?

En que ciertas personas reciben mejor trato que otras

¿Qué clase de cosas te hacen ilusión?

Hallar soluciones a problemas

¿Qué tipo de cosas hacen que pierdas la noción del tiempo?

Tejer, leer, ver programas de noticias

MIS VALORES

Conocimiento

Compasión

Creatividad

Valentía

Optimismo

Cuando Billie repasa sus dos listas ve varias conexiones. Valora el conocimiento y le apasionan la política y la resolución de problemas. Y ahora que ve escrito «creatividad» como uno de sus valores, su pasión por tejer cobra sentido. Decide que no tiene que sentirse culpable por el tiempo que pasa a solas con sus agujas y su lana.

Empieza a pensar en qué es importante para ti, qué adoras y qué disfrutas haciendo. Puede que ahora solo anotes unas cuantas cosas, pero no te preocupes, la lista aumentará y cambiará. Está claro que hay ciertas cosas que los jóvenes tenéis que aguantar os guste o no, como ir al instituto, hacer tareas del hogar y otras labores familiares. Pero sigues teniendo mucho tiempo PARA TI. Y si comienzas a descubrir ya cómo serte fiel, es mucho más probable que pases la vida haciendo cosas que te interesen en lugar de lo que todos los demás quieren que hagas o piensan que es bueno para ti.

PRIMER PLANO DE LA SEGURIDAD

A Poppy el deporte no le interesaba mucho. Había
probado el fútbol y el voleibol, pero no acababan de
gustarte. Entonces, a los once años, se quedó anonadada
con las bailarinas del musical del colegio. Le suplicó a
su madre que la apuntara a unas clases de danza, pero
cuando se enteró de que todas las chicas de su edad
de la escuela de ballet de su barrio llevaban asistiendo
a aquellas clases desde pequeñas, estuvo a punto
de abandonar todo el plan. Se sintió muy intimidada.
Era una estupidez, se dijo; era imposible que pudiera
seguirles el ritmo y quedaría como una inútil.

A Poppy no le hacía ninguna gracia perderse la
sensación de ser capaz de doblarse con tanta elegancia
o de dar vueltas con tanta fluidez. En su cabeza se
veía haciéndolo. Aun así, ser principiante en un aula de
expertas la aterrorizaba. Al final su madre la convenció
para que probara solo una clase. Si lo pasaba muy mal,
podría dejarlo. Eso la ayudó, y al final resultó que no
tendría que haberse preocupado. La profesora hizo que

se sintiera muy a gusto, el resto de las chicas la ayudaron con las posiciones de ballet complicadas y Poppy se las arregló para seguirlas sin grandes problemas.

¿Lo hizo perfecto? Claro que no. ¿Era tan buena como las demás? Ni de broma. Pero Poppy se dio cuenta de que era aceptable y más importante aún, se lo pasó tan bien que dejó de centrarse en las comparaciones y disfrutó de la danza.

ENIGMA SOBRE LA SEGURIDAD:
Distinguir qué te convierte en ti

¿Cómo se dan cuenta estas chicas de cuáles son sus fortalezas y sus valores y cómo se centran en ellos para ser fieles a sí mismas?

1.   *Hailey tiene una agenda muy apretada. Juega al tenis y toca el piano. Cuando está en la pista, pierde la noción del tiempo. Solo oye el sonido de los raquetazos contra la pelota y no ve nada más que la inconfundible esfera verde fosforito volando de un lado a otro.*

No para de pensar en estrategias de golpes alternos o en otras formas de acercarse a la red para rematar. Ensayar con el piano es un poco aburrido, pero le encanta tocar el teclado en su grupo de música y se lo pasa bien con los otros miembros escribiendo canciones y actuando. Consigue ser creativa tanto en el tenis como en el grupo, y eso la ayuda a sentirse segura y optimista.

Hailey no para de ganar partidos de tenis, lo cual significa que se pierde ensayos de la banda y clases de piano. No llega a un par de actuaciones importantes con su grupo porque no consigue volver a tiempo de un partido. Pase lo que pase, parece que siempre haya alguien enfadado con ella: sus compañeros del grupo por dejarlos plantados, su profesor de piano porque llega tarde o su entrenador cuando sus padres se la llevan a toda prisa en cuanto sale de la pista. Y siempre están los deberes, que termina haciendo en el coche o a altas horas de la noche. Está hecha polvo. Necesita averiguar cómo ser fiel a sí misma y no pasarse la vida corriendo en círculo.

a. Parece que Hailey está agobiada. Sus profesores siempre le dicen que lo primero son los estudios. Tal vez deba dejar de hacer actividades extraescolares y tomarse las cosas con calma.

b. El tenis es su actividad favorita. Hailey tiene que dejar el piano, aunque le guste tocar.

c. Hailey tiene que ser sincera con sus padres y explicarles cómo se siente. El tenis es lo que más feliz la hace, pero eso no quiere decir que quiera tirar por la borda todo lo demás. El tenis es su pasión, pero en la música aprovecha su creatividad. Tal vez pueda dejar de ir a clases de piano pero seguir con la banda, con unos ensayos más flexibles, y continuar así con sus dos desahogos creativos.

2. *Emma está obsesionada con los animales. Se ofrece para cualquier trabajo que encuentra como cuidadora de perros, gatos, peces, jerbos, conejos o incluso lagartos, porque estar cerca de esas criaturas hace que se sienta tranquila, fuerte y poderosa. Le encanta hacerse cargo de ellas, incluso cuando eso implica meter un cazo en un cubo lleno de grillos que se retuercen para alimentar a los lagartos. Se ha apuntado a una extraescolar de biología. Sí, a veces la clase es un poco aburrida, pero la está ayudando a saber más de las criaturas que tanto adora, así que está decidida a acabarla.*

Resulta que sus amigas están molestas con ella. Solían ir las unas a las casas de las otras, hincharse a aperitivos y escuchar música. Ahora les molesta que Emma ya no parezca disfrutar tanto con ELLAS. Emma intenta explicarles lo bien que la hace sentir lograr que un gatito nervioso confíe en ella, o ayudar a un perro asustado a aprender a husmear el mundo exterior. Pero sus amigas no paran de decirle que es un bicho raro porque se lo pasa mejor con los animales. ¿Cómo puede reconciliar Emma sus intereses y a sus amigas y aun así ser fiel a sí misma?

    a. Si Emma quiere conservar a sus amigas, debería dejar la clase de biología y reducir sus tareas relacionadas con el cuidado de los animales. Pasar el rato con las amigas es lo normal.

    b. Debería dejar la extraescolar de biología. Si cumple con sus tareas de cuidado de animales después de clase, dándose mucha prisa, entonces podrá estar un poco con sus amigas.

    c. Tiene que intentar hablar con sus amigas sinceramente, a corazón abierto. ¿Y si piensan que podría ser divertido ayudarla con algunos

de los animales? Está claro que es la pasión de
Emma. Si siguen llamándola «bicho raro»,
¿son verdaderas amigas?

Respuestas: vayamos por partes

Estas historias contienen pistas acerca de lo que hace
que estas chicas sean ellas mismas.

En las respuestas **A**, ambas chicas permiten que sean
los demás quienes definan quiénes son o qué deberían
hacer. Hailey y Emma deciden, sin más, dejar de hacer
las cosas que las convierten en su verdadero yo.

En las respuestas **B**, las dos prueban soluciones
intermedias. Puede que no sea la peor de las situaciones,
pero aun así ni Hailey ni Emma consiguen ser su yo más
auténtico. La primera de ellas sigue con el tenis, pero
pierde su vínculo con la banda. La segunda se esfuerza
por intentar que sus amigas entiendan su pasión por los
animales, pero deja la clase de biología.

En las respuestas **C**, ambas chicas adoptan la posición más fuerte y son totalmente ellas mismas. Todo
empieza por ser sincera y abierta y por comprender sus
valores y fortalezas. Tras pedirles ayuda a sus padres,

¿Nací así?

¿De verdad nace la gente con fortalezas naturales o talentos increíbles? A veces parece que sí. Se les da muy bien todo, y además da la sensación de que todo les resulta facilísimo.

Bueno, pues... no necesariamente.

Es cierto que todos tenemos algunas destrezas naturales. Algunas personas tienen unos reflejos excepcionales o una coordinación mano-ojo alucinante, también hay gente capaz de memorizar vocabulario con rapidez, o niños cuyos dibujos son mejores que los de la profesora de plástica. Así que, sí, puede que empezaran la vida con ciertas habilidades.

Los científicos han descubierto que los verdaderos poderes que se esconden detrás de los medallistas de oro y de los artistas que ganan premios son la determinación y la mentalidad de crecimiento. La determinación es

Hailey lucha por hacerles hueco tanto al tenis como a la música. Emma se da cuenta de que las amigas de verdad deberían dejarla ser ella misma.

PRIMER PLANO DE LA SEGURIDAD

Todo el mundo piensa siempre en Madelyn como una empollona callada y soñadora. Todos, excepto Madelyn. Se fija en la diferencia de trato hacia las chicas en comparación con los chicos. En la sutil y no tan sutil estereotipación. Tras meditarlo, les dice a sus padres que quiere cambiarse a un instituto solo femenino, donde el entorno se centre en las chicas y sus logros.

Cuando empieza en el instituto nuevo, todas sus nuevas amigas forman parte de equipos deportivos. Eso es un problema. A Madelyn no se le da bien correr ni interceptar balones ni hacer nada ni remotamente digno de un equipo deportivo, y no quiere quedarse sentada en el banquillo. Quiere formar parte del meollo, como sus amigas deportistas. Su madre le sugiere que se haga animadora, pero Madelyn le contesta que ¡ni de broma! Se imagina a las animadoras en la banda del campo, contoneándose y aplaudiendo a los chicos.

<<Pero... un momento —piensa— a lo mejor tendría que tener una mentalidad más abierta. Estaría animando la disposición a fracasar y seguir adelante una y otra vez, y la mentalidad de crecimiento es la creencia de que siempre puedes aprender y mejorar. Algunos investigadores dicen que la determinación es más importante que la inteligencia en lo que al éxito se refiere. Y tener una mentalidad de crecimiento resulta muy útil, porque la inteligencia, las habilidades y la excelencia pueden aprenderse. Cuando operas con esas dos variantes, consigues cosas.

Así que pregúntale a cualquier mujer con talento qué se necesita. O lee acerca de mujeres como la astrofísica Sara Seager, que ha contribuido al descubrimiento de centenares de planetas nuevos. Y todas te dirán que se necesita trabajo, repetición y actitud. Solo a nosotras, las que lo miramos desde fuera, nos parece fortaleza natural.

a chicas, ¡a mis amigas!77. Ella cree en las chicas poderosas y le encantaría dar saltos mientras lo proclama a voz en grito. Pero se siente cohibida a causa de, bueno, un estereotipo acerca de las animadoras. Se cambió de instituto para que las ideas de otra gente respecto a lo que ella u otras chicas deberían ser dejaran de definirla ¿Por qué no crear su PROPIA versión de una animadora para todas esas CHICAS que hacen cosas alucinantes y poderosas?

Madelyn entra en el equipo y sorprende a toda su familia. ¿Animadora en lugar de ratón de biblioteca? Tras brincar, chillar y encabezar los vítores a favor de esas deportistas fuertes, Madelyn ha abierto su mente y está haciendo aquello en lo que cree. Ser su verdadero yo.

ESPEJITO, ESPEJITO: EL RETORNO

No hay forma de enfatizar esto lo suficiente, excepto continuar repitiéndolo: SÉ TÚ MISMA. Y eso también significa TEN TU PROPIO ASPECTO.

Para algunas chicas, tener un aspecto auténtico equivale a llevar pantalones cortos de deporte y camisetas cómodas. Para otras, significa ponerse jerséis *vintage* y una falda con volantes, o creaciones vanguardistas cosidas a mano. No hay un estilo correcto ni un estilo equivocado. Si utilizas tu ropa para expresarte, entonces eres a la única a la que debe gustarle. (Bueno, puede que los padres también tengan algo que decir).

Es fácil dar por sentado que tu exterior (tu apariencia) encaja con tu interior (tu sentido del yo). En el caso de algunas personas, como Toni, la protagonista de nuestro siguiente «Primer plano», su cuerpo no encaja con su verdadero yo, y entonces tienen que dar el valiente paso adelante de desvelarse ante el mundo, sobre todo cuando ese yo es inesperado o poco convencional. Este tipo de jóvenes luchan literalmente para ser ellos mismos, así que tener el aspecto de su verdadero yo y vestir como su verdadero yo supone una victoria increíble.

PRIMER PLANO DE LA SEGURIDAD

Desde que tiene memoria, Toni ha sentido que estaba en el cuerpo equivocado. Cuando nació, su partida de nacimiento decía sexo masculino. Durante los primeros años de su vida, todo el mundo se refirió a ella como un niño. La primera vez que empezó a mostrarles a sus amigos su verdadero yo fue durante un ejercicio de compartir en segundo. Aunque seguía siendo Tony vestida con unos pantalones de chándal de chico y una camiseta, llevó un pintalabios para compartirlo con su clase. Tuvo suerte, porque sus compañeros, tanto los chicos como las chicas, sintieron curiosidad y casi todos se portaron genial con ella y la apoyaron. Así que Toni empezó a mostrar, con pequeños detalles, la persona que era en realidad. Comenzó a ponerse más cosas de chica, como pasadores para el pelo y diademas, y después laca de uñas y pulseras. Cambió la forma de escribir su nombre de Tony a Toni y escribía TONI, con letras grandes y recargadas, en sus trabajos, sus carpetas y su fiambrera del almuerzo. Cambió sus camisetas de chico por otras con flores y unicornios. Ser una chica significa cosas distintas para cada una, pero para Toni significó la libertad de parecer una de ellas. Sus padres la ayudaron a ir despacio. A los adultos les preocupaba que la acosaran o que le hicieran daño. Pero Toni sabía que simplemente se estaba convirtiendo en el yo que siempre había estado destinada a ser.

Tras meses de transición para dejar a un lado toda su ropa de chico, se puso su primer vestido. Con él se reflejó la persona que siempre había sido en lo más profundo de su ser. Hubo unos cuantos alumnos que la molestaron y se rieron de ella. Pero los compañeros de su clase de segundo, los que la habían visto despojarse de su ropa anterior y ponerse la correcta, se arremolinaron en torno a ella y les devolvieron los gritos: <<¿Qué estáis mirando?>>. Toni nunca volvió a sentirse sola en el cuerpo equivocado, se sintió su yo seguro, apoyada por una comunidad maravillosa. Ella sigue pensando que no ha hecho nada particularmente valiente u osado; solo piensa que por fin es ella misma.

Escúchate. Conócete. Compréndete. Y empezarás a sentirte lista para la acción.

CHICAS DE ACCIÓN

Lexi Proctor, de doce años, siempre ha adorado los rizos... y tiene muchos. Pero en el parvulario, unas chicas que decían que tenía «pelo de arbusto» y que se reían de su piel oscura la acosaron. «No entendía por qué me trataban así y cogí miedo a ir al colegio. Me entraron muchos complejos. Así que cambié de peinado». Durante años utilizó tanto las planchas para alisarse el cabello que se estropeó aquella melena tan bonita.

Entonces vio una foto de una chica de piel oscura y con el pelo rizado de forma natural y se inspiró. «Pensé: "Ella no tiene miedo, está completamente segura de sí misma"». La imagen de aquella chica valiente entusiasmó a Lexi y activó un interruptor en su cerebro. Había encontrado un referente increíble. Y supo que había llegado el momento de liberar sus rizos. No obstante, le daba pánico que los insultos empezaran de nuevo. Pero se miró al espejo durante un buen rato y se dijo: «Quiero ser YO. Quiero que la gente me vea a mí y no a una chica que esconde quién es de verdad. Si no les gusta, ¡ellos se lo pierden! ¿Quiénes son ellos para meterse en mis asuntos?». Se lo repitió una y otra vez sin olvidar en ningún momento el alivio que le produciría dejar de ocultar su verdadero yo.

Una vez que lo hizo, cuenta: «Me gustó tanto que decidí que quería escribir un libro para las niñas como yo. Quiero hacer que se sientan bien con ellas mismas, sobre todo aquellas a las que no les guste su pelo o su color de piel». (¡Su movimiento se llama Curlanistas, de *curl*, la palabra inglesa que designa los rizos!). Su primer libro fue *Curly Girls Love Your Curls* («Chicas de pelo rizado, adorad vuestros rizos»), y el segundo, *The Ice Cream Talk: Loving The Skin You're In* («Hablemos de helados: querer la piel que habitas»). «Los miembros de mi familia somos de distintos colores. Una vez, una persona no se creyó que mi abuela era mi abuela, y eso me hizo mucho daño. Mi abuela me explicó que las personas son como los helados: tienen muchos sabores distintos, pero por dentro son todos iguales».

CAPÍTULO 10

CONVERTIRTE EN UNA CHICA DE ACCIÓN

L a acción y la seguridad son inseparables. A estas alturas ya lo sabes.

La acción genera seguridad · La seguridad nos ayuda a entrar en acción ·

Y todas las formas y tamaños de acción son fantásticos. Pero ahora ya estás preparada para empezar a pensar en acciones que no sean solo para ti. Puedes comenzar a pensar más allá de ti. Nos referimos a ese salto como pasar DE YO a NOSOTROS.

Aquí te explicamos por qué es tan poderoso:

UN CUENTO DE DOS ACCIONES

Cierra los ojos. Piensa en unas cuantas acciones que conlleven riesgo, pero que tengan que ver solo contigo. ¿Cómo te hace sentir?

Ahora piensa en llevar a cabo una acción para ayudar a alguien distinto. Algo que harías por otras personas o por una causa que te preocupe. Cierra los ojos de nuevo. Fórmate una imagen clara en la mente de lo que querrías hacer. ¿Cómo te hace sentir?

¿Existe alguna diferencia entre ambos escenarios?

Puede que, cuando piensas en colaborar en algo situado fuera de ti, te sientas más empoderada, ilusionada y conmovida. Puedes ayudar a la familia, a los

Gurús ~~femeninos~~ masculinos

Los hermanos que fundaron la organización WE son geniales. Craig y Marc Kielburger son conocidos como emprendedores sociales, lo cual quiere decir que han iniciado una poderosa empresa cuyo objetivo no son las ganancias económicas. El principal propósito de WE es ofrecer a la gente herramientas sencillas para contribuir a crear cambios sociales positivos en las comunidades locales y en todo el mundo. Reúnen a jóvenes apasionados de todas las edades y los ayudan a involucrarse. WE crea grupos en los centros educativos, guía a las familias que quieren implicarse y orienta a los jóvenes a los que se les ocurre su propio proyecto.

Cuando Craig tenía doce años, era extremadamente tímido y tenía un defecto del habla. Vio un artículo acerca de un chico amigos; contribuir al abastecimiento de agua potable, a la lucha contra el calentamiento global, contra las pruebas con animales en laboratorios, contra la pobreza o a cualquier otra cosa que te apasione. De «Yo a Nosotras» es una forma de pensar muy potente.

«DE YO A NOSOTROS»: DATOS CIENTÍFICOS

Los psicólogos han descubierto que cambiar tus circuitos del «pensamiento yo» al «pensamiento nosotros» hace cosas maravillosas por tu cerebro. Salir de tu cabeza y convertir a los demás en la prioridad reducirá tu estrés y ansiedad y te proporcionará un subidón de felicidad. También aumenta tu seguridad. ¿Por qué? Los investigadores han descubierto que te empuja a salvar el obstáculo de estar demasiado cohibida para correr un riesgo o pasar a la acción. Los estudios han demostrado que las mujeres jóvenes (graduadas universitarias recientes) a las que les producía angustia su nuevo trabajo se mostraban más seguras cuando se concentraban menos en ellas mismas y más en cómo podían ayudar a sus supervisores, al equipo o a la causa.

De hecho, otros estudios constatan que las chicas y las mujeres tienden a sentirse de su edad al que mataron de un disparo en Pakistán mientras protestaba contra el trabajo infantil. Se obsesionó con la muerte de aquel chaval, así que reunió el valor necesario para pedirles a sus compañeros de clase —tartamudeando— que lo ayudaran a luchar a favor de los derechos de la infancia. Once de ellos dijeron que sí. Aquello terminó por convertirse en WE, una organización en la que se han involucrado 3,8 millones de jóvenes y familias de todo el mundo. Este es el mensaje de Craig: «No tienes que aguardar hasta que seas mayor o tengas un trabajo para conseguir cosas. Si quieres cambiar el mundo, empieza ya». Si buscas ideas y apoyo, WE puede ser un buen recurso. Échale un vistazo a la organización. No olvides que las causas suelen motivar más a las chicas que a los chicos. Craig nos contó que el 80 % (¡80 %!) de sus jóvenes colaboradores son chicas.

atraídas por la idea de ayudar. Tal vez se deba a nuestro cerebro, que cuenta con unas conexiones emocionales más activas. Pero cuando eligen una profesión, las mujeres valoran las misiones o causas fuertes o prefieren trabajar para una empresa que haga algo bueno por la sociedad. Y las investigaciones muestran que las chicas correrán riesgos e iniciarán acciones mayores si participan en un proyecto que las apasione.

«DE YO A NOSOTROS» EN ACCIÓN

A Lenni le encanta la idea de participar en una carrera para recaudar fondos para enfermedades que afectan a miembros de su familia. Pero su asma le complica poder inscribirse en ella. Su madre le ha sugerido que se ofrezca voluntaria para repartir agua y rodajas de naranja a los corredores.

El lugar que más le gusta a Kennedy es la biblioteca de su ciudad. Así que le pareció de lo más lógico apuntarse para trabajar en la feria del libro de la biblioteca organizando los volúmenes o haciendo cualquier otra cosa que esté en su mano.

Chloe vive en un edificio sin ascensor. Su vecina Carol tiene más de setenta años y vive en el último piso con sus gatos. A Chloe le encanta escuchar las divertidas historias de Carol y jugar con sus gatos. La mujer tiene que subir cinco pisos cargada con pesadas bolsas de la compra, sacos de arena para gatos y la colada. A Chloe le preocupa su vecina, así que se le ocurre que Carol deje las cosas grandes en la planta baja y le envíe un mensaje de texto para avisarla. Cada vez que la ayuda a subir las bolsas, Chloe experimenta un pequeño subidón.

AVISO 8: DE «*YO* A *NOSOTROS*» TE ENSANCHA EL CORAZÓN.

DE «YO A NOSOTROS» NECESITA UN TÚ FUERTE.

Una chica segura sale al mundo desde una posición de fuerza. A menudo la vida te planteará retos difíciles, enrevesados y en apariencia injustos. Antes de poder abogar por los demás, aquí tienes otro recordatorio de que tienes que ser tu mejor defensora.

EL MANIFIESTO DE UNA CHICA SEGURA

(Léelo en voz alta al menos una vez a la semana).

♦ Tengo derecho a que me traten con respeto.

♦ Tengo derecho a poner límites y al espacio personal.

♦ Diré lo que pienso o entraré en acción cuando alguien o algo me esté incomodando.

♦ No siempre complazco a la gente... Esa no es mi labor.

♦ Soy leal a mis familiares y amigos, pero también a mis valores, a hacer lo correcto.

♦ Soy lo bastante fuerte para enfrentarme a las consecuencias de las acciones que llevo a cabo.

♦ Recurriré a un adulto de confianza cuando necesite ayuda.

CALENTAMIENTO PARA LA SEGURIDAD

Pero ¿por dónde empiezas? Lee tus listas de fortalezas y valores. ¿Qué te ilusiona o qué te enfada? Aquí tienes unos cuantos ejemplos de la vida diaria:

1. En el instituto la gente está cuchicheando cosas feas sobre alguien o aplicando estereotipos desagradables. Podrías:

    a. Hacer piña con amigos que comprendan cómo es ser el objetivo de esos comentarios.

    b. Hablar con otros alumnos que te apoyen o con los profesores sobre formas de crear entornos escolares seguros y acogedores.

    c. Buscar en internet cómo formar un club que promueva un plan antiodio.

2. En la puerta del comedor hay montones de basura acumulada porque los alumnos son demasiado vagos para utilizar las papeleras. Podrías:

    a. Ayudar a crear un programa de reciclaje y compostaje.

    b. Organizar un grupo que lo limpie contigo a cambio de horas de servicio a la comunidad.

    c. Sacar fotos y escribir un artículo para el periódico de tu instituto.

3. El código de vestimenta te saca de tus casillas y hace que te salga humo por las orejas. Podrías:

    a. Presentarte al consejo escolar para poder acabar con ese código de vestimenta una vez que ocupes el cargo.

    b. Crear un comité en compañía de otros alumnos y celebrar una reunión con el director y otros profesores para intentar introducir algunos cambios.

    c. Buscar a otros alumnos en las redes sociales y ver qué ha funcionado en otros centros educativos.

Recuerda: tienes mucho que ofrecer. Incluso cuando haces algo que te encanta o algo que no parece muy complicado —como cantar en un coro, presentarte al consejo escolar o ayudar a un hermano pesado—, también se produce un beneficio para las personas que disfrutan de tus canciones, aprenden de tus buenas ideas y sienten tu apoyo.

ENTRA EN RACHA: CONSEJOS PARA GRANDES ACCIONES

Cuando una acción crece mucho, cuando tiene una finalidad más profunda, se llama ACTIVISMO.

Antes de que te pongas la capa de superheroína y empieces a intentar saltar un edificio de un solo brinco, recuerda estos consejos.

MOMENTO DEL OBJETIVO. Ya hemos comentado que los datos científicos demuestran que enunciar o poner por escrito un objetivo aumenta las probabilidades de que LO HAGAS de verdad, en serio, sea cual sea. Además, el centro del placer de tu cerebro (¿te acuerdas de nuestro diagrama del cerebro?) reacciona a la satisfacción de fijar un objetivo y después tacharlo. Incluso los miniobjetivos (desayunar bien o escribir en tu diario todos los días) hacen que ese centro del placer se active. Pero recuerda: ¡no caigas en el perfeccionismo! Es muy importante que seas FLEXIBLE con tus objetivos. De lo contrario, puede que pierdas una buena oportunidad que se te cruce en el camino porque no aparece en tu lista. Adáptate sobre la marcha. Un objetivo no es más que una herramienta para ayudarte a avanzar.

¡NO LO HAGAS SOLA! Encuentra a personas que se preocupen tanto como tú por lo que te apetezca hacer. Empieza a hablar con gente o publica una petición para ver a quién le interesa el asunto, por ejemplo.

Jazmin es un poco solitaria. Pasa mucho tiempo a solas conectada a internet, obsesionada con que a muchas niñas de distintas partes del mundo se les niega la educación básica. Mortificarse con ese tipo de cosas le resulta abrumador y hace que se sienta más aislada. Aunque le cuesta mucho exponerse al mundo exterior, decide hablar con su orientador escolar acerca de iniciar un consejo de administración femenino para aumentar la conciencia sobre este problema. Su consejero y ella convocan una reunión a la que asisten muchas chicas. Resulta que a ellas el tema les preocupa tanto como a Jazmin; tras estudiar el tema creen que pueden hacer algo al respecto.

¡DILO MUY EN SERIO! Tu voz es la herramienta más poderosa que posees. El lenguaje que utilizas te ayuda a ser una chica de acción. Sé activa, positiva y clara. Y aquí tienes un gran truco: recuerda el de «yo a nosotros» cuando te pongas nerviosa. Te sentirás más segura si hablas en nombre de otras personas. Incluso el mero hecho de expresar tu opinión inspirará a otros.

Durante una excursión del instituto, Alice se fijó en algo que la preocupó de verdad. Todas las chicas se quedaron en la parte trasera del grupo y ninguna de ellas levantó la mano para hacer preguntas, solo los chicos lo hicieron. Cuando volvió a casa le dijo a su madre que tenía la sensación de que a las chicas suele darles miedo que se las oiga. Alice y su madre sacaron este tema en la siguiente reunión del grupo de Girl Scouts de Alice. Su grupo y ella decidieron hacer campaña a favor de una nueva insignia llamada «Levanta la mano». El mensaje: las chicas cuentan con información e inteligencia. Deberían tener la seguridad de dar un paso al frente.

CALENTAMIENTO PARA LA SEGURIDAD

Empieza a fijarte en cómo dices las cosas. ¿Te estás menospreciando o burlándote de ti para parecer más modesta? Evita esa costumbre cuando te comportes como una chica de acción. Eres poderosa y tus palabras deben estar en consonancia contigo.

Qué NO decir	Qué decir
• «Puede que esta sea una pregunta tonta...».	• «Hola, ¿te va bien que hablemos ahora?».
• «Perdona, lo siento, odio molestarte...».	• «Tengo una pregunta».
• «Me da igual, no importa...».	• «Me gustaría ver esa película, ¿y a ti?».
• «Uf, ¿está bien este proyecto? No estoy segura».	• «Creo que este proyecto es genial».

AVALANCHA DE DISCULPAS. Disculparse de manera innecesaria se ha convertido en una epidemia tan extendida que decidimos concederle una categoría aparte. ¿Te has fijado en que las chicas y las mujeres dicen «perdón» a todas horas? Pedir perdón es apropiado y educado cuando has hecho algo mal, por ejemplo.

Pero a menudo las chicas salpicamos nuestra comunicación de perdones innecesarios. Algunos sociólogos piensan que en parte se debe a que somos muy sensibles a los sentimientos de los demás. Es posible que alguna de nosotras piense que es educado decirle al camarero «Perdona, he pedido el batido de chocolate, no el de fresa». O que sonará menos agresivo añadir un «Lo siento» delante de «No estoy de acuerdo». Pero disculparte de manera constante hace que no parezcas segura. Busca la empoderadora campaña «NO lo siento», de Pantene, en la que aparecen mujeres replanteándose la disculpa.

FÍJATE en la frecuencia con que utilizas la palabra «perdón» y piensa en si la sientes de verdad. ¿Empiezas conversaciones con «Lo siento» incluso cuando en realidad no tienes nada que sentir? ¿Te disculpas enseguida por cosas normales? Pedir perdón solo cuando sea realmente necesario te hará más directa y poderosa y hará que tus disculpas sean más auténticas cuando las necesites de veras.

¡NO DUDES EN SER IRRITANTE! No todo el mundo recibirá el activismo con los brazos abiertos. El cambio no es fácil, y mucha gente preferiría no saber nada de él.

Detestas que las mascotas de clase se queden solas durante el fin de semana en el colegio. Le propones a tu profesor que los alumnos puedan apuntarse en una lista para llevárselas a casa el viernes. Como es una tarea extra, no se muestra apasionado. Decides que merece

la pena seguir incordiándolo, siempre con mucha edu-
cación, para que esos animales estén más cómodos. Te
ofreces a preparar las hojas para apuntarse y a encar-
garte de que todo funcione sin problemas.

RECUERDA: la seguridad es contagiosa. Si te rela-
cionas con personas que están seguras de sí mismas y son
positivas, la corteza prefrontal de tu cerebro —el núcleo
principal del pensamiento racional— se activa y hace que
tú también te sientas segura. Los estudios también demuestran que las chicas y las mujeres están más dispuestas a
hacer cosas arriesgadas, a llevar a cabo grandes acciones,
cuando una persona que respetan les da un empujón.

CALENTAMIENTO PARA LA SEGURIDAD

Dile a tu amiga que:

(¡Hazlo ahora mismo si puedes!).

Se presente al consejo escolar,

o que venda su bisutería en una feria de artesanía,

o que se presente a las pruebas de un equipo,

o que reúna sus relatos en un libro,

o _____ (Rellénalo).

Tus palabras tienen un impacto enorme sobre las personas. Y si tus amigas también son «de las que hacen», imagina a cuántas personas podéis inspirar.

A estas alturas ya lo tienes claro. Entrar en acción significa que puedes cambiar tu mundo de maneras definibles (grandes o pequeñas, globales o personales). Echa un vistazo a la segunda parte de «Imani encuentra su poder». Imani es capaz de generar seguridad, eliminar algo de estrés y admitir lo «aceptable» cuando se lanza a la acción en un tema que le preocupa de verdad.

Encuentra tu pasión, utilízala de una forma que te resulte verdadera y auténtica, y súmate al ejército de chicas de acción.

¡Acumula seguridad!

IMANI ENCUENTRA SU PODER, 2.ª PARTE

CHICAS DE ACCIÓN

Cuando Sarah Shamai tenía quince años, su madre volvió de un viaje a Haití y le explicó la situación de los orfanatos de la isla, incluida la falta de cosas tan normales como ropa interior para muchas de las chicas huérfanas. «Pensé que yo no podría vivir sin ropa interior y que era muy posible que a la gente no se le ocurriera donar una cosa así. Y que esas chicas pasan vergüenza por no tener bragas ni sujetadores y tal vez les cueste demasiado pedírselos a alguien. Entendí a la perfección ese sentimiento y quise ayudar». Pero ella también es tímida, y superarlo no le resultó sencillo. Comenzó con amigos y familiares. «Me daba miedo salir de mi zona de confort, pero la idea de ayudar a aquellas chicas hizo que me sintiera mejor».

Llevó las primeras donaciones de ropa interior a Haití con su madre, y entonces se sintió más motivada que nunca. Después de aquella experiencia fue capaz de hablar en público para recaudar dinero. Montó una organización benéfica y una página web llamada Haiti Undergarments for Girls (HUG) y regresó a la isla en varias ocasiones más. «Pensé que sería algo muy pequeño, así que me alegré y me sorprendí muchísimo cuando pudimos llegar a tanta gente». Ahora se está expandiendo, vende repostería elaborada por sus amigas y por ella en mercadillos de su zona y consigue patrocinadores para sus carreras de cinco kilómetros. Dice: «Cualquiera puede ayudar a los demás; hasta las cosas más pequeñas cuentan».

 ## DESCIFREMOS LOS ELEMENTOS DE LA CLAVE

Bien, pues esto es lo que deberías tener grabado a fuego en tu mente de estos tres últimos capítulos:

¡Sé tú misma!

1. ¡Arriesga más!
2. ¡Piensa menos!
3. ¡Sé tú misma!

Este es el último elemento de la clave de la seguridad, el remate final. Utilízalo para que te ayude a «desactivar» tus instintos perfeccionistas, tu tendencia a complacer a la gente y tus expectativas poco realistas y a «activar» tu verdadero yo. ¡No hay nada más poderoso, más seguro, que ser tú misma!

CAPÍTULO 11

CREAR TU PROPIA CLAVE DE LA SEGURIDAD

Ha llegado el momento. Hemos tratado muchos conceptos y tú los has asimilado. Ya estás lista para ensamblar tu propia clave de la seguridad.

Hemos ofrecido una visión de los elementos básicos al final de cada sección, pero estamos convencidas de que VER el proceso de creación de la clave te resultará útil. Piensa en las siguientes páginas como una pizarra en blanco. Hemos esbozado cómo todo lo que has leído en el libro se destila en tres elementos, y después cómo esos tres elementos se unen para forman una clave de la seguridad sencilla pero poderosa.

El (a veces) enrevesado proceso de creación de la clave

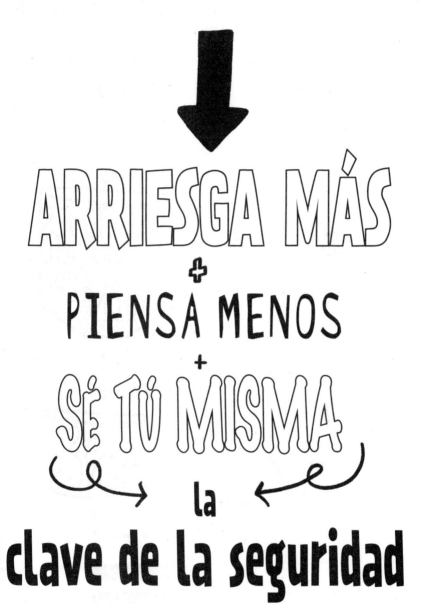

ARRIESGA MÁS
+
PIENSA MENOS
+
SÉ TÚ MISMA
la
clave de la seguridad

Así es como se crea la clave de la seguridad. A continuación verás cómo representamos el producto acabado:

PERSONALIZA TU CLAVE

Sigue esa clave y habrás iniciado el camino hacia una vida de seguridad. Pero no toda clave tiene que decir «Arriesga más» / «Piensa menos» / «Sé tú misma». Esas frases son solo descripciones amplias de cómo generar seguridad. Puedes elegir lo que mejor te vaya.

Tu clave debería ser fiel a ti misma mediante la identificación de cómo quieres abordar los riesgos, contener tus pensamientos obsesivos y celebrar tu verdadero yo. Y una vez que lo crees, no está grabado en piedra. Puedes cambiarlo con tanta frecuencia como desees.

Para ayudarte a empezar, aquí tienes unos cuantos ejemplos de la clave de otras chicas. Puedes tomarlos prestados directamente o tan solo dejar que te inspiren.

ARRIESGA MÁS

Prueba algo nuevo todos los días.

No te escondas de lo que parece imposible.

Sé valiente.

Nunca digas nunca.

Lo difícil es guay.

Nunca te rindas.

Habla con gente nueva.

PIENSA MENOS

No te obsesiones.

Más diversión, menos peleas.

Menos tiempo chateando.

Da un paseo.

Dile a tu cerebro que se calle cuando comience
a dar vueltas.

SÉ TÚ MISMA

Haz cosas que te importen.

Ponte lo que te haga feliz.

Soy una artista increíble.

Di lo que piensas de verdad.

Intenta estar bien si la gente no te entiende.

Acéptate como eres.

TE TOCA

Si todavía estás planteándote cuáles podrían ser tus versiones personales de «Arriesga más» / «Piensa menos» / «Sé tú misma», prueba estas maneras de desatar tu imaginación. Busca enseguida tu cuaderno de la seguridad y echa un vistazo a las fortalezas y valores que anotaste en el capítulo 9. ¿Te ayudan a definir tu clave de la seguridad? También puedes repasar la lista de objetivos sanos y positivos que elaboraste en el capítulo 10. ¿Te ayuda a concretar algo?

Otra opción es que intentes pensarlo de esta forma:
Haré _____.
No haré _____.
Soy _____.

Veamos qué se les ha ocurrido a otras chicas para su clave. Para Susannah, su variante de «Arriesga más» / «Piensa menos» / «Sé tú misma» es:

No retroceder nunca / Dejar de posponer las cosas / Atreverme a tener un aspecto distinto del de mis amigas.

En el caso de India es:

Sentarme con gente diferente en el comedor / No ocultar cómo me siento / Pasar tiempo con mi familia.

Para Charlotte es:

Probar una cosa nueva cada semestre / Dejar de preocuparme por cuántos <<Me gusta>> consigo / Ser todo lo tonta que quiera siempre y cuando sea feliz.

Esta es la de Della:

No rendirme nunca / Ignorar los juicios / Aceptarme como soy.

Y la de Poppy:

Probaré algo nuevo todos los días / No miraré tanto el móvil / Haré lo que me importa de verdad (¡ballet!).

LA CLAVE EN ACCIÓN

Una vez que estés lista para unir los elementos de tu clave, puedes o bien fotocopiar la que aparece en la página 268, o entrar en www.confidencecodegirls.com. Rellena tu clave e imprímela para ponerla sobre tu escritorio, junto a tu cama, debajo de tu almohada o en cualquier otro lugar donde la veas constantemente. También puedes compartirla, subirla a Pinterest o publicarla en otras redes sociales. Tú decides.

Y puedes crear todas las claves que quieras, modificarlas, revisarlas y rehacerlas una y otra vez. Hazlo una vez a la semana, una vez al mes o una vez al año. Como ya hemos dicho, la clave está pensada para reflejar qué te hace ser TÚ, así que puede variar continuamente. De un día para otro o de una semana para otra puede ser distinta por completo, y no pasa nada. Cuando tu seguridad empiece a aumentar, tu clave de la seguridad tendrá que adaptarse.

Tenla muy presente en todo momento, en tus paredes, en tus publicaciones, en tu mente. Verás que seguir la clave se convierte en algo tan instintivo como la memoria muscular, tan natural como montar en bici, leer un libro o mandar mensajes con el móvil.

Así que suelta este libro y ve a crear tu propia clave de la seguridad, y que comience tu vida de persona segura.

AGRADECIMIENTOS

Durante el tiempo que hemos dedicado a este proyecto nos hemos beneficiado enormemente de una ayuda y un apoyo significativos e indispensables.

En primer lugar, queremos darles las gracias a nuestras hijas, Della, Poppy y Maya. Ellas fueron nuestra inspiración, por supuesto, pero también nuestras defensoras más fieras, nuestras críticas más duras y nuestras editoras más perspicaces.

Nos sentimos agradecidas a nuestra coautora y colaboradora JillEllyn Riley, que nos ayudó a sumergirnos en las profundidades de la mente de las chicas y aportó una pasión, un conocimiento y una organización increíble al proyecto.

JillEllyn le da las gracias a Claire y Katty por incluirla en esta aventura de creación de seguridad: ha sido un honor trabajar junto con mujeres fuertes, brillantes y poderosas.

Las tres queremos dedicarle un agradecimiento especial a Nan Lawson, cuyas cautivadoras ilustraciones y grafismos dan vida al libro. Sabíamos que el producto final tenía que ser visual, estar lleno de historias, y ella convirtió *El mundo es tuyo* en una preciosidad.

Muchas gracias también a nuestra sabia y paciente editora en inglés, Sara Sargent, que ha apoyado nuestra visión desde el principio; a nuestra increíble agente, Christy Fletcher, que lo entiende todo con gran astucia, incluido el paso de las mujeres hacia las niñas; a Sylvie Greenberg, que ayudó a que se diera con una elegancia aparentemente natural; y al excelente equipo de HarperCollins, diestro y entregado a la creación de algo distintivo y realmente único para las chicas: Suzanne Murphy, Kate Jackson, Andrea Pappenheimer, Barbara Fitzsimmons, Alison Donalty, Michelle Cunningham, Camille Kellog, Bethany Reis, Alana Whitman, Nellie Kurtzman, Stephanie Boyar y Cindy Hamilton. En concreto, nos sentimos muy afortunadas por haber trabajado con Alison Kalpthor, nuestra maga del diseño, que se mostró muy paciente e infinitamente creativa.

Le damos las gracias a Hannah Lapham Tucker, nuestra perseverante investigadora, por todo su trabajo, su determinación y su iniciativa en todo, desde la comprobación de datos hasta el descubrimiento de **Chicas de acción**.

Este libro no podría haber existido sin las decenas y decenas (¡y decenas!) de chicas de todo el país con las que hablamos. Les damos las gracias a ellas y a sus padres por confiarnos sus historias y experiencias, sus vulnerabilidades y triunfos, sus pesadillas y sus aspiraciones sobre la seguridad. A lo largo del libro hemos cambiado muchos de los nombres para proteger su intimidad.

Queremos darles las gracias en especial a las siguientes chicas por dedicarnos tanto tiempo: Alana, Alexandra, Angelica, Anu, Ashley, Avery, Bella, Bianca, Carine, Celia, Edyth, Eva, Grace, Janvi, Juliette (Jules), Malia, Mary Beth, Mia, Mikala, Morgan, Nora, Penelope, Rosalyn, Ruby, Sofia, Soleil, Sophie, Vrunda y Willa.

Estamos en deuda con nuestras **Chicas de acción** por dar un paso al frente y hacerse oír: Aneeza Arshad, Shiloh Gonsky, Gracie Kuglin, Olivia Lee, Cordelia Longo, Gloria Lucas, Samera Paz, Lexi Proctor, Sarah Shamai y Amaiya Zafar.

Y un agradecimiento enorme a nuestras jóvenes editoras/lectoras: Ava Gregory, Asmi Pareek, Liane Bolduc, Sasha y Romy Ugel, Emma Gutnikoff, Antonia Brooks y Mia Green.

Aunque este proyecto surge del trabajo y la investigación para nuestro libro para adultas, *El mundo es tuyo* es harina de otro costal. Estábamos decididas a hacerlo atrayente e interactivo, rebosante de técnicas de terapias cognitivo-conductuales que pudieran ayudar de verdad a cambiar costumbres y mentalidades. Queríamos que los cuestionarios, las hipótesis y los consejos estuvieran anclados en los datos científicos. Y para hacer todo eso necesitábamos orientación, así que estamos agradecidas de haber contado con la ayuda de tres gurús especiales: Rachel Simmons, Bonnie Zucker y Phyllis Faggel.

Estamos muy agradecidas, por la inspiración y el apoyo extra, a Susannah Shakow, Wanda Holland Green, Sherica White, Caroline Miller, Weezie Parry, Decha Golden, Marissa Rauch, Craig Kielburger y Jim Steyer.

Un agradecimiento especial a Ariel Aberg-Riger, Heather Myers y todo el equipo de Spark n.º 9 por gratificar al proyecto con su tiempo y creatividad.

Katty les da las gracias a sus hijos, Felix y Jude, por ser buenos y cariñosos, y a Tom por mantener calmada a su exhausta esposa y ofrecerles a sus hijos e hijas un modelo tan fantástico. Y a Awa por su amistad, sabiduría y sonrisas sin fin.

Claire está agradecida con su hijo, Hugo, que le ofreció ánimos, consejos sobre béisbol y muchísimos abrazos; a Kay, que una vez más la ayudó a creer que un nuevo camino era posible; y a Janet, que siguió haciéndola reír.

JillEllyn está muy agradecida a Caroline, Jessica, Jodi, Kathryn, Kim, Lori, Matthew, Melissa, Meredith, Nely, Patricia y Penina por sus sabios y generosos consejos. Para Allan, Cullen y Eoin: gran corazón, gran amor. Para Miles, como siempre.

RECURSOS

Hay muchísimos escritores, investigadores y sociólogos increíbles que llevan a cabo un trabajo ingente con y para las chicas, y es emocionante que nos hayan ayudado e inspirado.

A continuación mostramos algunos recursos de interés, entre ellos, libros valiosos para los padres, métodos estupendos para evaluar fortalezas y valores y organizaciones fantásticas para que las chicas les echen un vistazo.

PUBLICACIONES

Alvord, Mary Karapetian; Judy Johnson Grados y Bonnie Zucker, *Resilience Builder Program for Children and Adolescents: Enhancing Social Competence and Self Regulation: A Cognitive-Behavioral Approach*, Champaign, IL, Research Press, 2011.

Brown, Lyn Mikel, *Powered By Girl: A Field Guide for Supporting Youth Activists*, Boston, Beacon, 2016.

Cain, Susan, *Quiet Power: The Secret Strength of Introverts,* Nueva York, Penguin, 2016.

Dweck, Carol S., *Mindset: Changing the Way You Think to Fulfil Your Potential,* Londres, Little, Brown, 2012.

Paul, Caroline, *The Gutsy Girl: Escapades for Your Life of Epic Adventure,* Nueva York, Bloomsbury USA, 2017. (Trad. cast.: *Hero Girl. Chicas atrevidas a la conquista del mundo,* Barcelona, Destino, 2017).

Radin, Stacey y Leslie Goldman, *Brave Girls: Raising Young Women with Passion and Purpose to Become Powerful Leaders,* Nueva York, Atria, 2016.

Rendall, David J. y Eric Smoldt, *The Freak Factor for Kids,* Raleigh, NC, SEADS, 2012.

Simmons, Rachel, *The Curse of the Good Girl: Raising Authentic Girls with Courage and Confidence,* Nueva York, Penguin, 2010. (Trad. cast.: *La maldición de la niña buena: educar a las chicas en la autenticidad, el valor y la confianza,* Barcelona, Océano, 2012).

Waters, Lea, *The Strength Switch: How the New Science of Strength-Based Parenting Can Help Your Child and Your Teen to Flourish,* Nueva York, Avery, 2017.

Zucker, Bonnie, *Anxiety-Free Kids: An Interactive Guide for Parents and Children,* Waco, TX, Prufrock, 2008.

ORGANIZACIONES

Para las chicas y los padres a quienes les apasione conseguir una autoimagen saludable, seguridad y capacidad de liderazgo, ofrecemos una lista de organizaciones increíbles:

Instituto de la Juventud: www.injuve.es

Girl Up. Jóvenes unidas para cambiar el mundo:
    spanish.girlup.org

UNICEF. La juventud opina: www.voicesofyouth.org/es
    www.voicesofyouth.org

Common Sense Media: www.commonsensemedia.org/latino

Girls on the Run: spanish.girlsontherun.org

Girl Scouts of America: www.girlscouts.org/es.html

Amy Poehler's Smart Girls: https://amysmartgirls.com

Girls Inc.: https://girlsinc.org

Girls Who Code: https://girlswhocode.com

Girls Write Now: www.girlswritenow.org

I Am That Girl: www.iamthatgirl.com

Running Start: https://runningstartonline.org

NOTAS FINALES

PRIMERA PARTE: LAS CLAVES DE LA SEGURIDAD

Capítulo 1: Los elementos básicos de la seguridad
Ideas + Seguridad = Acción
Establecimos esta fórmula con la ayuda del doctor Richard
Petty, de la Universidad Estatal de Ohio; de Nansook Park,
de la Universidad de Michigan; de David Dunning, de la
Universidad de Cornell; de Joyce Ehrlinger, de la Universidad
Estatal de Washington; y de Adam Kepecs, del Laboratorio
Cold Spring Harbor.

Bandura, Albert, «Self-efficacy: Toward a unifying theory
of behavioral change», *Psychological Review* 84, n.º 2
(1977): 191-215. https://doi.org/10.1037/0033-295x
.84.2.191.

Kepecs, Adam; Naoshige Uchida; Hatim A. Zariwala y Zachary F. Mainen, «Neural Correlates, Computation and Behavioural Impact of Decision Confidence», *Nature* 455, n.º 7210 (2008): 227-231. https://doi.org/10.1038/nature07200.

Park, Nansook y Christopher Peterson, «Achieving and Sustaining a Good Life», *Perspectives on Psychological Science* 4 (2009): 422-28. https://doi.org/10.1111/j.1745-6924.2009.01149.x.

—, «Positive Psychology and Character Strengths: Application to Strengths-Based School Counseling», *Professional School Counseling* 12, n.º 2 (2008): 85-92. https://doi.org/10.5330/psc.n.2010-12.85.

Rosenberg, Morris, *Conceiving the Self*, Nueva York, Basic Books, 1979.

Seligman, Martin E., *Learned Optimism: How to Change Your Mind and Your Life*, Nueva York, Random House Digital, 2011. (Trad. cast.: *Aprenda optimismo: Haga de la vida una experiencia maravillosa*, Barcelona, Debolsillo, 2017).

Los científicos han constatado que escribir las palabras de nuestro puño y letra las graba mejor en el cerebro

Markman, Art, «How Writing To-Do Lists Helps Your

Brain (Whether or Not You Finish Them)», *Fast Company*, 6 de septiembre de 2016. www.fastcompany. com/3063392/how-writing-to-do-lists-helps-your-brain-even-when-you-dont-comple.

Mueller, Pam A. y Daniel M. Oppenheimer, «The Pen Is Mightier Than the Keyboard», *Psychological Science* 25, n.º 6 (2014): 1159-1168. https://doi.org/10.1177/0956797614524581.

Wax, Dustin, «Writing and Remembering: Why We Remember What We Write», Lifehack, 30 de junio de 2017. www.lifehack.org/articles/featured/writing-and-remembering-why-we-remember-what-we-write.html.

Posturas de poder

Aunque ha habido cierta polémica acerca de si las posturas de poder alteran realmente la química corporal, los científicos confirman que, desde luego, sí desembocan en una sensación de mayor poder y, por lo tanto, seguridad.

Briñol, Pablo; Richard E. Petty y Benjamin Wagner, «Body Posture Effects on Self-Evaluation: A Self-Validation Approach», *European Journal of Social Psychology* 39, n.º 6 (2009): 1053-1064. https://doi.org/10.1002/ejsp.607.

Cuddy, Amy J. C., «Want to Lean In? Try a Power Pose», *Harvard Business Review*, 20 de marzo de 2013.

Consulta: 13 de septiembre de 2017. https://hbr.
org/2013/03/want-to-lean-in-try-a-power-po-2.

Capítulo 2: ¡Un asunto arriesgado!

Paso 5. Pasos pequeños

Locke, E. A. y G. P. Latham, «Building a Practically Useful Theory of Goal Setting and Task Motivation: A 35-Year Odyssey», *American Psychologist* 57, n.º 9 (2002): 705-717. www.farmerhealth.org.au/wp-content/uploads/2016/12/Building-a-Practically-Useful-Theory-of-Goal-Setting-and-Task-Motivation-A-35-Year-Odyssey.pdf.

Paso 7. Sé tu propia consejera

Adams, A. J., «Seeing Is Believing: The Power of Visualization», *Flourish!*, 3 de diciembre de 2009. www.psychologytoday.com/blog/flourish/200912/seeing-is-believing-the-power-visualization.

Sheard, Michael y Jim Golby, «Effect of a Psychological Skills Training Program on Swimming Performance and Positive Psychological Development», *International Journal of Sport and Exercise Psychology* 4, n.º 2 (2006): 149-169. https://doi.org/10.1080/16121 97x.2006.9671790.

Capítulo 3: Fracaso absoluto

Existen datos científicos reales que muestran que el fracaso genera éxito.

Duckworth, Angela, *Grit: The Power of Passion and Perseverance*, Londres, Vermilion, 2017. (Trad. cast.: *Grit: el poder de la pasión y la perseverancia*, Barcelona, Urano, 2016).

Miller, Caroline Adams, *Getting Grit: The Evidence-Based Approach to Cultivating Passion, Perseverance, and Purpose*, Boulder, CO, Sounds True, 2017.

Seligman, Martin E., *Learned Optimism: How to Change Your Mind and Your Life*, Nueva York, Random House Digital, 2011. (Trad. cast.: *Aprenda optimismo: Haga de la vida una experiencia maravillosa*, Barcelona, Debolsillo, 2017).

Es imposible vivir sin fracasar en algo

Rowling, J. K., «The Fringe Benefits of Failure, and the Importance of Imagination», *Harvard Gazette*, 5 de junio de 2008. https://news.harvard.edu/gazette/story/2008/06/text-of-j-k-rowling-speech.

La realidad es que a veces pierdes

Nessif, Bruna, «Watch: Beyoncé's Video Message Part 2», E! Online, 17 de diciembre de 2013. www.eonline.com/

news/491914/beyonce-says-message-behind-latest-album-is-finding-the-beauty-in-imperfection-watch-now.

No me dan miedo las tormentas, porque estoy aprendiendo a gobernar mi barco

Alcott, Louisa May, *Little Women*, Nueva York, Bantam, 1886. (Trad. cast.: *Mujercitas*, Barcelona, Penguin Clásicos, 2018).

1. Sé tu mejor amiga

Salzberg, Sharon, *The Kindness Handbook: A Practical Companion*, Boulder, CO, Sounds True, 2008.

—, *Real Happiness: The Power of Meditation: A 28-Day Program*, Nueva York, Workman, 2011. (Trad. cast.: *El secreto de la felicidad auténtica: El poder de la meditación. Aprenda a ser feliz en 28 días*, Barcelona, Planeta DeAgostini, 2016).

4. Pide ayuda

«Growth Mindset Asking for Help», Teaching Superkids. 23 de octubre de 2016. www.teachingsuperkids.com/growth-mindset-asking-for-help/.

Brown, Brené, *Daring Greatly: How the Courage to Be Vulnerable Transforms the Way We Live, Love, Parent, and Lead*, Nueva York, Avery, 2015. (Trad. cast.: *El poder de la vulnerabilidad. ¿Qué te atreverías a hacer si el miedo no te paralizara?*, Barcelona, Urano, 2016).

—, *The Gifts of Imperfection: Let Go of Who You Think You're Supposed to Be and Embrace Who You Are*, Center City, MN, Hazelden, 2010. (Trad. cast.: *Los dones de la imperfección. Líbrate de quien crees que deberías ser y abraza a quien realmente eres*, Gaia, Madrid, 2012).

—, *Rising Strong: How the Ability to Reset Transforms the Way We Live, Love, Parent, and Lead*, Nueva York, Random House, 2017. (Trad. cast.: *Más fuerte que nunca*, Barcelona, Urano, 2016).

Dweck, Carol S., *Mindset: Changing the Way You Think to Fulfil Your Potential*, Londres, Little, Brown, 2012.

Krakovsky, Marina, «Researchers: If You Want a Favor, Ask and Ask Again», *Insights,* 19 de septiembre de 2013. www.gsb.stanford.edu/insights/researchers-if-you-want-favor-ask-ask-again.

Capítulo 4: Convertirte en crítica cultural
Las chicas son mejores estudiantes que los chicos

Voyer, Daniel y Susan D. Voyer, «Gender Differences in Scholastic Achievement: A Meta-analysis», *Psychological Bulletin* 140, n.º 4 (2014): 1174-1204. https://doi.org/10.1037/a0036620.

Los países con mayor igualdad de género

Revinga, A. y S. Shetty, «Empowering Women Is Smart Economics», *Finance & Development*, marzo de 2012. www.imf.org/external/pubs/ft/fandd/2012/03/revenga.htm.

Las empresas con mayor número de líderes femeninas

Noland, Marcus; Tyler Moran y Barbara Kotschwar, «Is Gender Diversity Profitable? Evidence from a Global Survey», Peterson Institute for International Economics, febrero de 2016. https://piie.com/publications/wp/wp16-3.pdf.

Las congresistas

Volden, Craig y Alan E. Wiseman, *Legislative Effectiveness in the United States Congress: The Lawmakers*, Nueva York, Cambridge University Press, 2014.

En octubre de 2017, solo once jefes de Estado eran mujeres

«Facts and Figures: Leadership and Political Participation», UN Women. Última modificación julio de 2017. www.unwomen.org/en/what-we-do/leadership-and-political-participation/facts-and-figures.

Solo el 25 % de los puestos de trabajo de ciencia, tecnología, ingeniería y matemáticas los ocupan mujeres

«Women in Science, Technology, Engineering, and Mathematics (STEM)», Catalyst. 29 de marzo de

2017. www.catalyst.org/knowledge/women-science-technology-engineering-and-mathematics-stem.

Las mujeres ganan en torno a un 83 % de lo que ganan los hombres

Brown, Anna y Eileen Patten, «The Narrowing, but Persistent, Gender Gap in Pay», Pew Research Center, 3 de abril de 2017. www.pewresearch.org/fact-tank/2017/04/03/gender-pay-gap-facts.

El Congreso de Estados Unidos está formado por 535 miembros

«Women in the U.S. Congress 2017», CAWP. Consulta: 13 de noviembre de 2017. www.cawp.rutgers.edu/women-us-congress-2017.

SEGUNDA PARTE: SEGURIDAD POR DENTRO Y POR FUERA

Capítulo 5: Tu cerebro y tú

Las chicas y las mujeres solemos pensar demasiado las cosas

Lynd-Stevenson, Robert M. y Christie M. Hearne, «Perfectionism and Depressive Affect: The Pros and Cons of Being a Perfectionist», *Personality and Individual Differences* 26, n.º 3 (1999): 549-562. https://doi.org/10.1016/s0191-8869(98)00170-6.

Mitchelson, Jacqueline K., «Perfectionism», *Journal of Occupational and Organizational Psychology* 82, n.º 2 (2009): 349-367. https://doi.org/10.1348/096317908x314874.

Nolen-Hoeksema, Susan; Blair E. Wisco y Sonja Lyubomirksy, «Rethinking Rumination», *Perspectives on Psychological Science* 3, n.º 5 (septiembre de 2008): 400-424. https://doi.org/10.1111/j.1745-6924.2008.00088.x.

Échale un vistazo a los patrones de pensamiento distorsionado más comunes

Beck, Judith S., *Cognitive Behavior Therapy: Basics and Beyond* (2.º ed.), Nueva York, Guilford, 2011.

—, *Cognitive Therapy for Challenging Problems: What to Do When the Basics Don't Work*, Nueva York, Guilford, 2005. (Trad. cast.: *Terapia cognitiva para la superación de retos*, Barcelona, Gedisa, 2007).

Burns, David D., *The Feeling Good Handbook*, Nueva York: Plume, 1999. (Trad. cast.: *El manual de ejercicios para sentirse bien*, Barcelona, Paidós, 2012.)

Zucker, Bonnie, *Anxiety-Free Kids: An Interactive Guide for Parents and Children*, Waco, TX, Prufrock, 2008.

Lo que PENSAMOS crea lo que SENTIMOS

Zucker, *Anxiety-Free Kids*.

Comprueba que una forma distinta de pensar acerca de una situación idéntica

Zucker, *Anxiety-Free Kids*.

Todo está en tu cabeza

Mendelberg, Tali; Chris Karpowitz y Lee Shaker, «Gender Inequality in Deliberative Participation», *American Political Science Review* 106, n.º 3 (2012): 533-547. https://doi.org/10.1037/e511862012-001.

Schmader, Toni y Brenda Major, «The Impact of Ingroup vs Outgroup Performance on Personal Values», *Journal of Experimental Social Psychology* 35, n.º 1 (1999): 47-67. https://doi.org/10.1006/jesp.1998.1372.

¿Son distintos el cerebro masculino y el femenino?

Para obtener una visión de conjunto sobre las diferencias cerebrales sugeriríamos un libro de Louann Brizendine, *The Female Brain* (trad. cast.: *El cerebro femenino*, Barcelona, RBA, 2007), o *Unleash the Power of the Female Brain*, de Daniel G. Amen. También es muy útil el creciente corpus literario escrito por investigadores como Gert de Vries, Patrica Boyle, Richard Simerly, Kelly Cosgrove y Larry Cahill. Finalmente, esta completa reseña de la bibliografía existente es, asimismo, muy conveniente: consulta el artículo de Glenda E. Gillies y Simon McArthur: «Estrogen Actions in the Brain and the Basis for Differential Action in Men and Women: A Case for Sex-Specific Medicines».

Achiron, R. y A. Achiron, «Development of the Human Fetal Corpus Callosum: A High-Resolution, Cross-Sectional Sonographic Study», *Ultrasound in Obstetrics and Gynecology* 18, n.º 4 (2001): 343-347. https://doi.org/10.1046/j.0960-7692.2001.00512.x.

Amen, Daniel G., *Unleash the Power of the Female Brain: Supercharging Yours for Better Health, Energy, Mood, Focus, and Sex*, Nueva York, Random House Digital, 2013.

Ankney, C. Davison, «Sex Differences in Relative Brain Size: The Mismeasure of Woman, Too?», *Intelligence* 16, n.º 3 (1992): 329-336. https://doi.org/10.1016/0160-2896(92)90013-h.

Apicella, C.; A. Dreber; B. Campbell, P. Gray; M. Hoffman y A. Little, «Testosterone and Financial Risk Preferences», *Evolution and Human Behavior* 29, n.º 6 (2008): 384-390. https://doi.org/10.1016/j.evolhumbehav.2008.07.001.

Brizendine, Louann, *The Female Brain*, Nueva York, Random House Digital, 2007. (Trad. cast.: *El cerebro femenino*, Barcelona, RBA, 2007).

Coates, J. M. y J. Herbert, «Endogenous Steroids and Financial Risk Taking on a London Trading Floor», *Proceedings of the National Academy of Sciences*

105, n.º 16 (2008): 6167-6172. https://doi.org/10.1073/
pnas.0704025105.

Corbier, P.; A. Edwards y J. Roffi, «The Neonatal
Testosterone Surge: A Comparative Study», *Archives of
Physiology and Biochemistry* 100, n.º 2 (1992): 127-131.

Evans, Alan C., «The NIH MRI Study of Normal Brain
Development», *NeuroImage* 30, n.º 1 (2006): 184-202.
https://doi.org/10.1016/j.neuroimage.2005.09.068.

Gillies, Glenda E. y Simon McArthur, «Estrogen Actions
in the Brain and the Basis for Differential Action in
Men and Women: A Case for Sex-Specific Medicines»,
Pharmacological Reviews 62, n.º 2 (2010): 155-198.
https://doi.org/10.1124/pr.109.002071.

Gurian, Michael, *Boys and Girls Learn Differently!
A Guide for Teachers and Parents*, San Francisco,
Jossey-Bass, 2011.

Haier, Richard J.; Rex E. Jung; Ronald A. Yeo; Kevin
Head y Michael T. Alkire, «The Neuroanatomy of
General Intelligence: Sex Matters», *NeuroImage* 25,
n.º 1 (2005): 320-327. https://doi.org/10.1016/j.
neuroimage.2004.11.019.

Hsu, Jung-Lung, «Gender Differences and Age-Related
White Matter Changes of the Human Brain:

A Diffusion Tensor Imaging Study», *NeuroImage* 39, n.º 2 (15 de enero de 2008): 566-577. https://doi. org/10.1016/j.neuroimage.2007.09.017.

Kanaan, Richard A.; Matthew Allin; Marco Picchioni; Gareth J. Barker; Eileen Daly; Sukhwinder S. Shergill; James Woolley y Philip K. Mcguire, «Gender Differences in White Matter Microstructure», *PLoS ONE* 7, n.º 6 (2012). https://doi.org/10.1371/journal. pone.0038272.

Kilpatrick, L. A.; D. H. Zald; J. V. Pardo y L. F. Cahill, «Sex-Related Differences in Amygdala Functional Connectivity during Resting Conditions», *NeuroImage* 30, n.º 2 (1 de abril de 2006): 452-61. https://doi. org/10.1016/j.neuroimage.2005.09.065.

Kimura, Doreen, «Sex Differences in the Brain», *Scientific American* 267, n.º 3 (1992): 118-125.

Lemay, Marjorie y Antonio Culebras, «Human Brain— Morphologic Differences in the Hemispheres Demonstrable by Carotid Arteriography», *New England Journal of Medicine* 287, n.º 4 (1972): 168-170. https://doi.org/10.1056/nejm197207272870404.

Magon, Angela Josette, «Gender, the Brain and Education: Do Boys and Girls Learn Differently?»,

tesis de máster, University of Victoria, 2009. http://
citeseerx.ist.psu.edu/viewdoc/download?doi=
10.1.1.456.6637&rep=rep1&type=pdf.

Reed, W. L.; M. E. Clark; P. G. Parker; S. A. Raouf; N.
Arguedas; D. S. Monk; E. Snajdr, *et al*., «Physiological
Effects on Demography: A Long-Term Experimental
Study of Testosterone's Effects on Fitness», *American
Naturalist* 167, n.º 5 (2006): 667-683. https://doi.
org/10.1086/503054.

Sacher, Julia; Jane Neumann; Hadas Okon-Singer; Sarah
Gotowiec y Arno Villringer, «Sexual Dimorphism in
the Human Brain: Evidence from Neuroimaging»,
Magnetic Resonance Imaging 31, n.º 3 (abril de 2013):
366-375. https://doi.org/10.1016/j.mri.2012.06.007.

Takeuchi, Hikaru; Yasuyuki Taki; Yuko Sassa; Hiroshi
Hashizume; Atsushi Sekiguchi; Tomomi Nagase; Rui
Nouchi, *et al*., «White Matter Structures Associated
with Emotional Intelligence: Evidence from Diffusion
Tensor Imaging», *Human Brain Mapping* 34, n.º 5
(2011): 1025-1034. https://doi.org/10.1002/hbm.21492.

Wager, Tor D.; K. Luan Phan; Israel Liberzon y Stephan
F. Taylor, «Valence, Gender, and Lateralization of
Functional Brain Anatomy in Emotion:

A Meta-analysis of Findings from Neuroimaging», *NeuroImage* 19, n.º 3 (2003): 513-531. https://doi. org/10.1016/s1053-8119(03)00078-8.

El miedo a las arañas (aracnofobia) es muy común

Paul, Marla, «Touching Tarantulas», *Northwestern Now,* 21 de mayo de 2012. https://news.northwestern.edu/ stories/2012/05/spider-phobia.

Cuéntate la historia del «tal vez»

Beck, *Cognitive Behavior Therapy.*

Clark, David A. y Aaron T, Beck, *The Anxiety and Worry Workbook: The Cognitive Behavioral Solution*, Nueva York, Guilford, 2011. (Trad. cast.: *Manual práctico para la ansiedad y las preocupaciones: la solución cognitiva conductual*, Bilbao, Desclée de Brouwer, 2016).

Haz una lista de logros pasados

Amabile, Teresa M. y Richard J. Kramer, «The Power of Small Wins», *Harvard Business Review,* mayo de 2011. http://yorkworks.ca/default/assets/File/ PowerOfSmallWins(1).pdf.

Observa imágenes positivas y ten pensamientos positivos

Nittono, Hiroshi; Michiko Fukushima; Akihiro Yano y Hiroki Moriya, «The Power of Kawaii: Viewing Cute Images Promotes a Careful Behavior and Narrows

Attentional Focus», *PLoS One* 7, n.º 9 (26 de septiembre de 2012). https://doi.org/10.1371/journal.pone.0046362.

Pulsa el botón de pausa

Fredrickson, B. L.; M. A. Cohn; K. A. Coffey; J. Pek y S. M. Finkel, «Open Hearts Build Lives: Positive Emotions, Induced through Loving-Kindness Meditation, Build Consequential Personal Resources», *Journal of Personality and Social Psychology* 95, n.º 5 (2008): 1045-62. https://doi.org/10.1037/a0013262.

Tang, Y.-Y.; B. K. Hölzel y M. I. Posner, «The Neuroscience of Mindfulness Meditation», *Nature Reviews Neuroscience* 16, n.º 4 (2015): 213-25. https://doi.org/10.1038/nrn3916.

Cambia de canal

«Understanding the Stress Response», Harvard Health. Última actualización 18 de marzo de 2016. www.health.harvard.edu/staying-healthy/understanding-the-stress-response.

Anota los pensamientos negativos y luego rompe el papel o tíralo

Briñol, Pablo; Margarita Gascó; Richard E. Petty y Javier Horcajo, «Treating Thoughts as Material Objects Can Increase or Decrease Their Impact on Evaluation», *Psychological Science* 24, n.º 1 (2012): 41-47. https://doi.org/10.1177/0956797612449176.

Actitud de gratitud

Watkins, P.; K. Woodward; T. Stone y R. Kolts, «Gratitude and Happiness: Development of a Measure of Gratitude and Relationships with Subjective Well-Being», *Social Behavior and Personality: An International Journal* 31, n.º 5 (agosto de 2003): 431-452. https://doi.org/10.2224/sbp.2003.31.5.431.

Súbete a un globo

Kearney, Christopher A., *Helping School Refusing Children and Their Parents: A Guide for School-Based Professionals*, Oxford, Oxford University Press, 2008.

Capítulo 6: Amistad segura
Los científicos han descubierto que la amistad te hace más fuerte, sana y feliz

Holt-Lunstad, Julianne; Timothy B. Smith; Mark Baker; Tyler Harris y David Stephenson, «Loneliness and Social Isolation as Risk Factors for Mortality», *Perspectives on Psychological Science* 10, n.º 2 (11 de marzo de 2015): 227-237. https://doi.org/10.1177/1745691614568352.

Holt-Lunstad, Julianne; Timothy B. Smith y J. Layton, «Social Relationships and Mortality Risk: A Meta-analytic Review», *PLOS Medicine* 7, n.º 7 (julio de 2010).

La amistad reduce las probabilidades de sufrir enfermedades cardíacas

Gouin, Jean-Philippe; Biru Zhou y Stephanie Fitzpatrick, «Social Integration Prospectively Predicts Changes in Heart Rate Variability Among Individuals Undergoing Migration Stress», *Annals of Behavioral Medicine* 49, n.º 2 (2014): 230-238. https://doi.org/10.1007/s12160-014-9650-7.

Cuando estás con tus amigas generas oxitocina

Taylor, S. E.; L. C. Klein; B. P. Lewis; T. L. Gruenwald; R. A. R. Gurung y J. A. Updegraff, «Biobehavioral Responses to Stress in Females: Tend-and-Befriend, Not Fight-or-Flight», *Psychological Review* 107, n.º 3 (2002): 411-429. https://taylorlab.psych.ucla.edu/wp-content/uploads/sites/5/2014/10/2000_Biobehavioral-responses-to-stress-in-females_tend-and-befriend.pdf.

No tener amistades es tan perjudicial como fumar

Harvard Women's Health Watch, «The Health Benefits of Strong Relationships», Harvard Health, diciembre de 2010. www.health.harvard.edu/newsletter_article/the-health-benefits-of-strong-relationships.

Mostrará menos estrés si la acompaña una amiga
y Las chicas que tienen una buena amiga
(aunque solo sea una)

Adams, R. E.; J. B. Santo y W. M. Bukowski, «The Presence of a Best Friend Buffers the Effects of Negative Experiences», *Developmental Psychology* 47, n.º 6 (2011): 1786-1791. https://doi.org/10.1037/a0025401.

Las investigaciones muestran que el comportamiento
de una amiga es contagioso

Christakis, N. A. y J. H. Fowler, «Social Contagion Theory: Examining Dynamic Social Networks and Human Behavior», *Statistics in Medicine* 32, n.º 4 (20 de febrero de 2013): 556-577. http://fowler.ucsd.edu/social_contagion_theory.pdf.

El cerebro de las chicas está cableado para valorar
la aprobación de sus amigas

Albert, Dustin; Jason Chein y Laurence Steinberg, «The Teenage Brain: Peer Influences on Adolescent Decision Making», *Current Directions in Psychological Science* 22, n.º 2 (16 de abril de 2013): 114-120. https://doi.org/10.1177/0963721412471347.

Capítulo 7: Manual de las chicas seguras

El 92 % de los adolescentes se conecta a internet a diario

Lenhart, Amanda, «Teens, Technology and Friendships»,
Pew Research Center: Internet, Science & Tech, 6 de
agosto de 2015. www.pewinternet.org/2015/08/06/
teens-technology-and-friendships.

El 50 % de los adolescentes se considera adicto a sus móviles

Wallace, Kelly, «50% of Teens Feel Addicted to Their
Phones, Poll Says», CNN, 29 de julio de 2016. www.
cnn.com/2016/05/03/health/teens-cell-phone-addiction-
parents/index.html.

El 88 % considera que compartir demasiados detalles es un gran problema y El 77 % de los adolescentes cree que es menos auténtico en internet

Lenhart, «Teens, Technology and Friendships».

Un tercio de todas las imágenes privadas enviadas

Lenhart, Amanda, «Chapter 5: Conflict, Friendships
and Technology», Pew Research Center: Internet,
Science & Tech, 6 de agosto de 2015. www.pewinternet.
org/2015/08/06chapter-5-conflict-friendships-and-technology.

Dato curioso: la coartada del chocolate

Sherman, Lauren E.; Ashley A. Payton; Leanna M.
Hernandez; Patricia M. Greenfield y Mirella Dapretto;

«The Power of the Like in Adolescence», *Psychological Science* 27, n.º 7 (2016): 1027-1035. https://doi.org/10.1177/0956797616645673.

Soat, Molly, «Social Media Triggers a Dopamine High», *Marketing News*, noviembre de 2015. www.ama.org/publications/MarketingNews/Pages/feeding-the-addiction.aspx.

Ciberacoso

«Cyber Bullying Statistics», NoBullying—Bullying & CyberBullying Resources, 12 de junio de 2017. https://nobullying.com/cyber-bullying-statistics-2014.

TERCERA PARTE: EL YO SEGURO

Capítulo 8: Librarte del vicio del perfeccionismo

Aprendimos mucho sobre el perfeccionismo a partir de:

Homayoun, Ana, *The Myth of the Perfect Girl: Helping Our Daughters Find Authentic Success and Happiness in School and Life*, Nueva York, Perigee, 2013.

Simmons, Rachel, *The Curse of the Good Girl: Raising Authentic Girls with Courage and Confidence*, Nueva York, Penguin, 2010 (Trad. cast.: *La maldición de la niña buena: educar a las chicas en la autenticidad, el valor y la confianza*, Barcelona, Océano, 2012).

Si tu objetivo es la perfección

Hewitt, Paul L. y Gordon L. Flett, «Perfectionism in
the Self and Social Contexts: Conceptualization,
Assessment, and Association with Psychopathology»,
Journal of Personality and Social Psychology 60, n.º 3
(1991): 456-70. https://doi.org/10.1037//0022-
3514.60.3.456.

Las chicas y el perfeccionismo: un diagrama de flujo supercorto

Dweck, *Mindset*.

El perfeccionismo no es la clave del éxito

Hewitt, Paul L. y Gordon L. Flett, «Perfectionism in the
Self and Social Contexts».

Lynd-Stevenson, «Perfectionism and depressive affect».

Marano, Hara Estroff, «Pitfalls of Perfectionism»,
Psychology Today, 1 de marzo de 2008. Actualizado
el 9 de junio de 2016. www.psychologytoday.com/
articles/200803/pitfalls-perfectionism.

Mitchelson, «Perfectionism».

Sullivan, Bob y Hugh Thompson, *The Plateau Effect:
Getting From Stuck to Success*, Nueva York, Dutton,
2013.

Curas del perfeccionismo

Marano, «Pitfalls of Perfectionism».

Al 92 % de las chicas adolescentes les gustaría cambiar algo

Antony, Martin M., «Cognitive-Behavioral Therapy for Perfectionism», Lecture, Anxiety and Depression Association of America, 9 de abril de 2015. https://adaa. org/sites/default/files/Antony_MasterClinician.pdf.

«Statistics on Girls & Women's Self Esteem, Pressures & Leadership», Heart of Leadership. Consulta: 31 de octubre de 2017. http://www.heartofleadership.org/ statistics.

Nueve de cada diez chicas creen que las industrias de la moda y de los medios de comunicación las presionan para estar delgadas

Girl Scouts of the USA/Girl Scout Research Institute, «Beauty Redefined: Girls and Body Image», 2010. www.girlscouts.org/content/dam/girlscouts-gsusa/ forms-and-documents/about-girl-scouts/research/ beauty_redefined_factsheet.pdf.

El 53 % de las chicas estadounidenses están insatisfechas con su cuerpo

«Body Image and Nutrition», Teen Health and the Media. Consulta: 13 de noviembre de 2017. http://depts.washington.edu/thmedia/view. cgi?section=bodyimage&page=fastfacts.

Ocho de cada diez chicas abandonan los deportes y Siete de cada diez chicas no quieren reafirmarse

Dove Self-Esteem Project, «Girls and Beauty Confidence: The Global Report», 2017. www.unilever.com/Images/dove-girls-beauty-confidence-report-infographic_tcm244-511240_en.pdf.

Capítulo 9: Ser fiel a ti misma

Encontrarte

Peterson, Christopher y Martin E. P. Seligman, *Character Strengths and Virtues: A Handbook and Classification*, Oxford, Oxford University Press, 2004.

Reckmeyer, Mary y Jennifer Robison, *Strengths Based Parenting: Developing Your Children's Innate Talents,* Nueva York, Gallup Press, 2016.

«The VIA Survey», Values in Action Institute. Acceso: 1 de noviembre de 2017. www.viacharacter.org/www/ Character-Strengths-Survey.

Waters, Lea, *The Strength Switch: How the New Science of Strength-Based Parenting Can Help Your Child and Your Teen to Flourish*, Nueva York, Avery, 2017.

¿Nací así?

Duckworth, *Grit*. (Trad. cast.: *Grit: el poder de la pasión y la perseverancia*, Barcelona, Urano, 2016).

Ericsson, K. Anders; Ralf T. Krampe y Clemens Tesch-Romer, «The Role of Deliberate Practice in the Acquisition of Expert Performance», *Psychological Review* 100, n.º 3 (1993): 363+406. https://graphics8.nytimes.com/images/blogs/freakonomics/pdf/DeliberatePractice.

Gladwell, Malcolm, *Outliers: The Story of Success,* Nueva York, Little, Brown, 2011.

Capítulo 10: Convertirte en una chica de acción
De yo a nosotros: datos científicos

Crocker, Jennifer y Jessica Carnevale. «Self-Esteem Can Be an Ego Trap», *Scientific American*, 9 de agosto de 2013. www.scientificamerican.com/article/self-esteem-can-be-ego-trap.

Stulberg, Brad y Steve Magness, «Be Better at Life by Thinking of Yourself Less», Nueva York, 6 de junio de 2017. http://nymag.com/scienceofus/2017/06/be-better-at-life-by-thinking-of-yourself-less.html.

—, *Peak Performance: Elevate Your Game, Avoid Burnout, and Thrive with the New Science of Success,* Emmaus, PA, Rodale, 2017.

Las chicas tienden a sentirse atraídas por la idea de ayudar

Soutschek, Alexander; Christopher J. Burke; Anjali Raja
  Beharelle; Robert Schreiber; Susanna C. Weber;
  Iliana I. Karipidis; Jolien Ten Velden, *et al.*, «The
  Dopaminergic Reward System Underpins Gender
  Differences in Social Preferences», *Nature Human
  Behaviour* 1, n.º 11 (2017): 819-827. https://doi.
  org/10.1038/s41562-017-0226-y.

Prefieren trabajar para una empresa que haga algo bueno

«What Men, Women Value in a Job», cap. 3 en «On
  Pay Gap, Millennial Women Near Parity—
  For Now», Pew Research Center's Social &
  Demographic Trends Project, 10 de diciembre
  de 2013. www.pewsocialtrends.org/2013/12/11/
  chapter-3-what-men-women-value-in-a-job.

Momento del objetivo

Locke, Edwin A., «Motivation through Conscious
  Goal Setting», *Applied and Preventive Psychology*
  5, n.º 2 (1996): 117-124. https://doi.org/10.1016/
  s0962-1849(96)80005-9.

La seguridad es contagiosa

Campbell-Meiklejohn, Daniel; Arndis Simonsen; Chris
  D. Frith y Nathaniel D. Daw, «Independent Neural

Computation of Value from Other People's Confidence», *Journal of Neuroscience* 37, n.º 3 (18 de enero de 2017): 673-84. https://doi.org/10.1523/jneurosci.4490-15.2017.

«Science Proves Confidence Is Contagious», Barron's, 24 de enero de 2017. www.barrons.com/articles/ science-proves-confidence-is-contagious-1485216033.

Zomorodi, Manoush, «What Google Is Doing to Solve Its Gender Problem». Note to Self (podcast), 29 de abril de 2015. www.wnyc.org/story/google-test-case-gender-bias.

Las chicas y las mujeres están más dispuestas a HACER cosas arriesgadas

Nuestro libro se apoyó en entrevistas con:

Lin Brown, autora de *Powered By Girl* y directora de Estudios sobre mujeres, género y sexualidad en el Colby College.

Phyllis Fagell, columnista del *Washington Post*, psicóloga, experta en crianza y orientadora de instituto.

Wanda Holland Greene, directora de la Hamlin School for Girls.

Craig Kielburger, confundador de la organización WE.

Rachel Simmons, autora de *Odd Girl Out* y *Enough As She Is* y especialista en liderazgo en el Smith College.

Bonnie Zucker, psicóloga y autora de Anxiety-Free Kids.

También obtuvimos información e inspiración de las largas entrevistas que mantuvimos en 2014 con decenas de expertos en seguridad de *The Science and Art of Self-Assurance. What Women Should Know* (trad. cast.: *La clave de la confianza. El arte y la ciencia de la autoconfianza para mujeres*, Barcelona, Océano, 2015). Entre ellos cabe destacar:

Cameron Anderson, Universidad de California

Victoria Brescoll, Escuela de Negocios de Yale

Kenneth DeMarree, Universidad de Buffalo

David Dunning, Universidad de Cornell

Joyce Ehrlinger, Universidad de Washington

Rebecca Elliott, Universidad de Manchester

Zach Estes, Universidad Bocconi (Milán)

Christy Glass, Universidad Estatal de Utah

Adam Kepecs, Laboratorios Cold Spring Harbor

Dr. Jay Lombard, Genomind

Kristin Neff, Universidad de Texas

Nansook Park, Universidad de Michigan

Laura-Ann Petitto, Universidad Gallaudet

Richard Petty, Universidad Estatal de Ohio

Stephen Suomi, Instituto Nacional de Salud

Barbara Tannenbaum, Universidad Brown

Shelley Taylor, Universidad de California en Los Ángeles

Fotografía de Marissa Rauch

KATTY KAY es la presentadora de *BBC World News America* y reside en Washington, D. C. También es colaboradora habitual de *Meet the Press* y *Morning Joe*, y es presentadora suplente en *The Diane Rehm Show* de la NPR. Aparte de su trabajo en temas relacionados con las mujeres, Katty ha cubierto la administración Clinton, cuatro elecciones presidenciales y las guerras de Kosovo, Afganistán e Iraq. Estuvo en el Pentágono justo veinte minutos antes de que un avión secuestrado se estrellara contra el edificio el 11-S; uno de sus recuerdos periodísticos más vívidos es el de entrevistar a soldados todavía visiblemente temblorosos a causa del ataque. Katty se crio a lo largo y ancho del Medio Este, donde su padre estaba destinado como diplomático británico. Estudió lenguas modernas en Oxford y habla francés e italiano con fluidez, además de un poco de «japonés oxidado».

CLAIRE SHIPMAN es periodista, escritora y conferenciante. Antes de centrarse en la escritura, Claire fue colaboradora habitual de *Good Morning America* y de otros programas nacionales de ABC News durante catorce años. Antes, trabajó como corresponsal en la Casa Blanca para NBC News. También trabajó para la CNN durante una década cubriendo la Casa Blanca, y estuvo cinco años destinada en Moscú. Nunca olvidará la caída de la Unión Soviética ni ver a ciudadanos invadiendo las plazas de la ciudad para derribar, con cuerdas y mucha rabia, estatuas gigantescas de los impopulares líderes comunistas. Su cobertura contribuyó a que la CNN ganara un premio Peabody. También fue galardonada con el Premio DuPont y obtuvo un Emmy por la cobertura de la revuelta estudiantil de la plaza de Tiananmen en 1989. Estudió ruso en la Universidad de Columbia y también obtuvo un máster en la Escuela de Asuntos Exteriores de esa misma institución. Ahora es miembro del consejo de administración de Columbia.

JILLELLYN RILEY es una escritora y editora con amplia experiencia en la creación y narración de cuentos. Ha trabajado con innovadores autores infantiles superventas, así como con autores de no ficción y de ficción para adultos. Es coautora de una serie para preadolescentes llamada *The Saturday Cooking Club*.

NAN LAWSON es una artista e ilustradora que vive en Los Ángeles. Es colaboradora habitual de varias galerías de arte de todo el país y ha tenido la oportunidad de trabajar con empresas como los Oscars, Lucasfilm, Nickelodeon y Hulu. También trabaja con clientes independientes para el desarrollo de animación visual, así como en el campo de la ilustración editorial y de libros.

LO QUE SE HA DICHO DE
EL *MUNDO* ES TUYO

«Ojalá hubiese tenido este libro cuando era una adolescente. ¡Me alegra mucho saber que las chicas de hoy lo tendrán!».

SHERYL SANDBERG, jefa de Operaciones de Facebook
y fundadora de Lean In y Option B

«Este es el libro que todas las chicas necesitan para convertir sus sueños en realidad».

LAURIE HERNANDEZ, oro olímpico en gimnasia artística
y autora del superventas *I Got This*

«Una lectura fundamental para todas las preadolescentes. Este libro alienta a las chicas a pasar a la acción a pesar de los patrones de pensamiento poco constructivos, a no tener miedo al fracaso y a desafiar esas inquietudes que lastran a tantas de ellas».

DOCTORA BONNIE ZUCKER, psicóloga
y autora de *Anxiety-Free Kids: An Interactive
Guide for Parents and Children*

«Si alguna vez has deseado tener el valor necesario para decir lo que piensas de verdad o para hacer eso que tanto te asusta, ¡este es tu libro! [...] Sus consejos son realistas y prácticos. Leer este libro te ayudará a cambiar tu vida... ¡y el mundo!».

RACHEL SIMMONS, autora de *Enough As She Is*,
Odd Girl Out y *La maldición de la niña buena*,
todos ellos superventas de *The New York Times*;
y especialista en liderazgo del Smith College

«Los adultos agradecerán que el libro se centre en el empoderamiento y presente pasos y acciones concretas, y a las jóvenes les encantarán el humor, las viñetas y las actividades divertidas. Seas padre, madre o educador, este es un recurso inestimable».

PHYLLIS L. FACELL, consejera escolar, escritora
y colaboradora de la columna «Sobre crianza»
del *Washington Post*

«Las chicas deberían saber que ser diferente es fantástico. Yo aprendí esa lección sobre el hielo, jugando a hockey. No siempre encajaba, pero al final lo acepté, y eso me dio seguridad en mí misma. Este libro puede ayudar a todas las chicas a activar ese interruptor en su cabeza para que puedan experimentar la seguridad y todas las cosas maravillosas que se derivan de ser única».

HILARY KNIGHT, plata olímpica y miembro de la selección
nacional de jóquey sobre hielo de Estados Unidos